Michael Schmidt-Salomon

Entspannt euch!

Michael Schmidt-Salomon

Entspannt euch!

Eine Philosophie der Gelassenheit

Mehr über unsere Autoren und Bücher:
www.piper.de

Von Michael Schmidt-Salomon liegen im Piper Verlag vor:
Die Grenzen der Toleranz
Hoffnung Mensch
Keine Macht den Doofen
Leibniz war kein Butterkeks (mit Lea Salomon)
Jenseits von Gut und Böse

MIX
Papier aus verantwor-
tungsvollen Quellen
FSC® C014496

ISBN 978-3-492-05950-3
3. Auflage 2019
© Piper Verlag GmbH, München 2019
Satz: psb, Berlin
Gesetzt aus der Whitman
Litho: Lorenz & Zeller, Inning am Ammersee
Druck und Bindung: GGP Media GmbH, Pößneck
Printed in Germany

Wenn du dich nicht mehr schuldig fühlst,
der zu sein, der du bist,
fällt es dir leichter,
der zu werden, der du sein könntest

Inhaltsverzeichnis

Die neue Leichtigkeit des Seins

Wer von seinem Selbst lassen kann, entwickelt ein gelassenes Selbst. Dies ist der Schlüssel zu einer alternativen Sicht der Welt, die uns zu entspannteren, humorvolleren, mutigeren Menschen machen kann. Sie löst nicht alle Probleme, mit denen wir uns herumschlagen müssen. Aber sie verhilft uns zu einer *neuen Leichtigkeit des Seins*, die uns die Kraft gibt, leichter zu ertragen, was wir nicht verändern können, und effektiver zu verändern, was wir nicht ertragen müssen.

Ich habe diese »neue Leichtigkeit des Seins« bereits vor einem Jahrzehnt in meinem Buch *Jenseits von Gut und Böse* geschildert[1]. Seither haben mir erstaunlich viele Menschen berichtet, das Buch habe ihr Leben verändert. Gut erinnere ich mich zum Beispiel an den Brief einer Leserin, die fast dreißig Jahre lang den Kontakt zu ihren Eltern abgebrochen hatte und der es nach der Lektüre endlich gelungen war, sich wieder mit ihnen zu versöhnen.

Seit 2009 sind Leserinnen und Leser mit der Bitte an mich herangetreten, die Grundaussagen von *Jenseits von Gut und Böse* noch einmal in einer »einfacheren, kompakteren Form« darzustellen. Nun, zehn Jahre nach der Entstehung des Buches, scheint mir der richtige Zeitpunkt gekommen zu sein, um diesem Wunsch zu entsprechen.[2] Mut macht mir dabei, dass selbst Arthur Schopenhauer, der alte Griesgram der Philosophie, sich dazu überwinden konnte, seine Überlegungen zur *Welt als Wille und Vorstellung* auf allgemein verständliche *Aphorismen zur Lebensweisheit* herunterzubrechen.[3]

Das vorliegende Buch greift auf vieles zurück, was ich in den letzten 25 Jahren geschrieben habe.[4] Und doch unterscheidet es sich grundlegend von meinen anderen Büchern. Denn es behandelt ausschließlich Themen, die uns *als Individuen* unmittelbar betreffen, die für unser *Sosein als Menschen* von Bedeutung sind. Aus ebendiesem Grund ist dieses Buch auch in *Dialogform* geschrieben – in Gestalt einer direkten Kommunikation zwischen *mir*, dem Autor, und *dir*, der Leserin oder dem Leser.

Ich bitte, dieses »Du« nicht falsch zu verstehen. Es geht mir nicht ums »Kampfduzen«, nicht um eine manipulative Anbiederung an meine Leserinnen und Leser. Das »Du« soll vielmehr helfen, die vornehme, aber wenig hilfreiche Distanz zwischen

Autor und Leserschaft zu überwinden. Diese Distanz führt nämlich dazu, dass wir die Aussagen eines Textes oft nur *rational verstehen*, nicht aber *emotional begreifen.*

Doch genau darum soll es in dem vorliegenden Buch gehen: Es will nicht bloß Wissen *vermitteln*, sondern dich dazu ermuntern, dieses Wissen auf deinen Alltag *anzuwenden*, deine innere Wahrnehmung und gegebenenfalls auch dein Verhalten zu *verändern*. Dazu ist es erforderlich, dass wir die Mauern einreißen, die wir gewöhnlich um unser »ach so empfindliches Selbst« errichten. Denn erst unter dieser Voraussetzung werden wir das *Menschlich-Allzumenschliche* entdecken, das dich mit mir und allen anderen verbindet.

»Ich bin ein Mensch, nichts Menschliches ist mir fremd«, lautete ein geflügeltes Wort der Antike.[5] So sehr wir Menschen uns in unseren Eigenschaften auch unterscheiden mögen, letztlich *verbindet uns untereinander sehr viel mehr, als uns trennt.* Daher glaube ich, dass die Einsichten, die *mir* geholfen haben, eine entspanntere, gelassenere und humorvollere Haltung zur Welt zu entwickeln, möglicherweise auch *dir* helfen könnten, die »neue Leichtigkeit des Seins« zu erfahren.

Dabei hat dieses Buch nichts, aber auch rein gar nichts, mit esoterischen Heilslehren zu tun! Im Gegenteil: Ich werde versuchen, dir eine möglichst klare, rationale Sicht der Dinge zu vermitteln. Wenn du dich darauf einlassen kannst, wirst du schon bald eine Lebenshaltung entwickeln, die der große Physiker und Menschenfreund Albert Einstein (wie wir im Verlauf des Buches noch sehen werden) als eine »unerschöpfliche Quelle der Toleranz« begriffen hat, welche ihm »beim Erleiden der Härten des Lebens immer ein Trost gewesen« ist – nicht zuletzt auch deshalb, weil sie »besonders dem Humor sein Recht lässt«.[6]

Ich bin überzeugt, dass man kein »Überflieger« wie Einstein sein muss, um zu dieser besonderen Lebensauffassung zu gelangen. Wir alle könnten die Welt so *heiter* und *gelassen* sehen wie er, wenn wir nur dazu bereit wären, *uns selbst und den anderen nichts mehr vorzumachen*. Ich weiß, dass dies einige Überwindung kostet und dass viele Menschen große Angst davor haben, ihre *Illusionen* aufzugeben – aber falls du dazu bereit bist, wird dieses Buch dir vielleicht helfen können, dich selbst nicht mehr *gar so ernst zu nehmen* und die Welt, die dich umgibt, in einer realistischeren, entspannteren, humorvolleren Weise zu betrachten.

Die Lotterie des Lebens

Kannst du dich an den Moment erinnern, in dem du dich das erste Mal bewusst *geschämt* hast? Hat man dich gescholten als »böser Junge« oder »böses Mädchen«? Haben *die anderen* im Vergleich zu dir besser abgeschnitten? Waren sie schöner, klüger, sportlicher, erfolgreicher als du?

Scham ist eine Form des *Zorns*, die sich *nach innen* richtet. Sie kann dich zu größeren Leistungen motivieren, aber auch das glatte Gegenteil bewirken. Denn das peinigende Gefühl der Scham führt dazu, dass viele von uns *vorschnell resignieren*. Die Angst vor dem *Versagen*, vor der *Blamage*, kann einen so sehr hemmen, dass man ein Leben führt, das weit unter den eigenen Möglichkeiten bleibt.

Dies gilt allerdings auch für die Kehrseite der Scham, den *Stolz*. Um das Hochgefühl des Stolzes zu erleben, nehmen wir große Anstrengungen in Kauf, wir feilen an unseren Fähigkeiten und optimieren unsere Talente. Tragischerweise aber macht uns der Stolz blind für unsere eigenen Fehler, die wir unter dieser Voraussetzung nicht korrigieren können. Und so leben nicht nur besonders *schamhafte*, sondern auch besonders *stolze* Menschen häufig unter ihren Möglichkeiten. Warum auch sollten sie sich um *Verbesserung* bemühen, wenn sie sich ohnehin für etwas »Besseres« halten?

Oft verbirgt sich hinter ausgeprägtem Stolz ein tief sitzendes *Minderwertigkeitsgefühl*. Hochmütige Menschen meinen gerade deshalb, etwas *Besonderes zu sein*, weil sie die beschämende Wahrheit nicht ertragen können, dass sie *nichts Besonderes sind*. Tief in ihrem Inneren spüren sie zwar, dass sie keineswegs so »großartig« sind, wie sie sich nach außen darstellen. Doch diese Erkenntnis ist so schmerzhaft, dass sie sie schnell wieder verdrängen.

In der christlichen Tradition galt der Stolz als die erste der *sieben Todsünden*, gewissermaßen als *Wurzel allen Übels*.[1] Und auch in der antiken Philosophie hatte er keinen guten Ruf. Im Unterschied zu den christlichen Theologen störte es die griechischen und römischen Philosophen allerdings nicht, dass unser *Hochmut* eine Beleidigung »des Schöpfers« sein könnte. Sie sahen im Stolz bloß eine *schlechte Strategie*, das Leben in den Griff zu bekommen. Warum? Ganz einfach: Weil alles, worauf wir uns irgendetwas einbilden könnten, über kurz oder lang verschwunden sein wird, weshalb wir uns beim besten Willen nicht daran klammern sollten.[2] *Hochmut kommt vor dem Fall.*

Wer wollte dies auch bestreiten? Tatsächlich sind alle Eigenschaften, auf die wir in unserem Leben stolz sein könnten, nur von kurzer Dauer. Schönheit beispielsweise ist ebenso vergänglich wie Sportlichkeit oder intellektuelle Brillanz. Und genau hier liegt das Problem, denn: *Je stolzer du auf die Qualitäten bist, über die du heute verfügst, desto größer wird deine Scham sein, wenn sie dir verloren gehen.*

Aber nicht nur deshalb zeugt Hochmut nicht gerade von *Lebensweisheit*. Die siamesischen Zwillinge Stolz und Scham sind auch bestens geeignet, unser *Verhältnis zu den Mitmenschen* zu vergiften. Warum? Weil Scham sehr schnell *Neid* gebiert und Stolz *Überheblichkeit*. Wir sind eifersüchtig auf diejenigen, die schöner, klüger, erfolgreicher sind als wir, und strafen jene mit Verachtung, die es im Leben nicht so weit gebracht haben wie wir selbst mit unserem »ach so grandiosen Ich«.

Dies führt zu schweren sozialen Verwerfungen und öffentlichen Demütigungen. Es zwingt uns dazu, an einem unaufhörlichen *Überbietungswettbewerb* teilzunehmen, bei dem man stets auf der Hut sein muss, nicht selbst zum Opfer von Neid und Missgunst zu werden. Ein kluges Rezept für ein *gutes Leben* ist dies zweifellos nicht. Und doch haben all die gut gemeinten Ratschläge, all die eindringlichen Warnungen vor der »Todsünde des Stolzes« über die Jahrhunderte hinweg nur wenig ausrichten können. Noch immer sind wir hin- und hergeworfen zwischen grenzenloser *Selbstüberschätzung* und maßloser *Selbstzerknirschung*. Woran liegt das?

Man könnte hier ein *biologisches Argument* anführen und darauf hinweisen, dass die Natur uns zu solchen »Überbietungswettbewerben« anstachelt, da wir untereinander um Ressourcen und Liebespartner(innen) konkurrieren müssen. Allerdings übersieht dieses Argument, dass die Evolution nicht nur Konkurrenzdenken, sondern auch Mitgefühl, Hilfsbereitschaft, ja sogar Opferbereitschaft hervorgebracht hat.[3] Zudem wissen wir, dass einige Menschen, deren Leistungen wir besonders bewundern, im persönlichen Umgang keinerlei Überheblichkeit zeigten, sondern äußerst bescheiden aufgetreten sind.[4] An ihren Genen *allein* wird dies mit Sicherheit nicht gelegen haben.[5]

Man könnte an dieser Stelle auch ein *soziologisches Argument* bemühen und aufzeigen, dass uns das »kapitalistische System« in besonderer Weise dazu drängt, in einen Konkurrenzwettbewerb mit anderen zu treten und unsere eigenen Qualitäten auf dem

Markt anzupreisen.[6] Auch das ist richtig, übersieht aber, dass Menschen zu *allen Zeiten* und in *allen Kulturen* Neid und Missgunst zeigten – und dass einige unserer heutigen Zeitgenossen diese zweifelhaften Eigenschaften trotz des bestehenden Wirtschaftssystems nicht an den Tag legen.

Ich bin überzeugt, dass es einen sehr viel tiefer liegenden Grund dafür gibt, warum die wohlmeinenden Ratschläge der Philosophen und Theologen nur selten auf fruchtbaren Boden gefallen sind (und warum viele von ihnen diese Ratschläge *im eigenen Leben* kaum befolgen konnten). Denn wir stehen hier nicht zuletzt vor einer existenziellen Frage, nämlich der Frage danach, wie wir uns selbst *als Menschen verstehen* und wie wir uns als bewusstseinsfähige Wesen *in dieser Welt verorten*.

Der Kern des Problems besteht darin, dass wir das Wechselspiel von Überheblichkeit und Demütigung so lange nicht überwinden werden, solange wir an den althergebrachten Überzeugungen festhalten, welche besagen, dass wir *zu Recht stolz auf eigene Leistungen sein können*, und uns *zu Recht dafür schämen müssten*, wenn wir diese Leistungen nicht erbringen.

Genau hier liegt aber ein *fundamentaler Denkfehler* – und wenn du ihn als solchen *erkennst*, bist du schon ein gutes Stück weiter auf dem Weg zu *größe-*

rer Gelassenheit. Denn wir erleben die Gefühle von Stolz und Scham nur deshalb, weil wir die Gründe für unseren Erfolg oder Misserfolg *uns selbst zuschreiben*. Doch diese Zuschreibung beruht auf einer *Illusion.* Je genauer wir nämlich hinschauen, desto klarer erkennen wir, dass die Ursachen für unsere Siege und Niederlagen, für unsere Qualitäten und Mängel, keineswegs in unserem »grandiosen« oder »kläglichen« Selbst zu finden sind, sondern in einem chaotischen Netzwerk von Milliarden und Abermilliarden Faktoren, über die wir *keine Kontrolle* hatten.

Wenn man diese *kausalen Zusammenhänge* in ihrer Tiefendimension begreift (wie es Albert Einstein getan hat, siehe die Lektionen 3, 4 und 6), so nimmt dies viel von der *Dramatik*, die wir gemeinhin erleben, wenn wir an einer Aufgabe scheitern. Mehr noch: Es gibt unserem seltsamen Verhalten, bei positiven Erlebnissen mit stolzgeschwellter Brust durch die Welt zu marschieren und bei negativen schamhaft in uns zusammenzusacken, eine geradezu *komische Note.* (Die Einsteinsche Sichtweise führt, wir erinnern uns, zu einer Lebensauffassung, die »auch besonders dem *Humor* sein Recht lässt«.)

Schauen wir uns dies an einem einfachen Beispiel an: Viele Menschen sind stolz auf ihr *gutes Aussehen*, bilden sich also etwas darauf ein, in puncto *Schönheit* besser abzuschneiden als andere. Nun wissen wir aber, dass Schönheit über weite Strecken nichts weiter ist als das Produkt der *zufälligen Kombination von Erbmerkmalen* beim Verschmelzen einer Samenzelle mit einer Eizelle. Gutes Aussehen geht also maßgeblich auf ein Ereignis zurück, das zu einem Zeitpunkt stattgefunden hat, als das »stolze Ich« längst noch nicht existierte. Macht man sich dies bewusst, wird klar, dass Stolz auf die eigene Schönheit vor allem *eines* ist: *lächerlich*. Da niemand etwas dafür kann, welche Erbinformationen bei seiner Entstehung zufällig aufeinandertrafen, ist es einfach grotesk, sich irgendetwas auf das eigene Aussehen einzubilden.

Das gilt allerdings auch für andere hochgeschätzte Merkmale, etwa für unsere *Intelligenz*: Auch die Fähigkeit zu intellektuellen Leistungen ist zu einem großen Teil von der zufälligen Mischung von Erbmerkmalen abhängig. Manche Menschen können sich anstrengen, so viel sie wollen, schwierige Zusammenhänge werden sie nie verstehen. Anderen hingegen fällt das Lösen komplexester Gleichungen in den Schoß. Doch wie könnten sie darauf »stolz« sein?! Schließlich gab es ihr *Ich* noch nicht, als die Voraussetzungen für ihre Fähigkeiten gelegt wurden. Und das bringt mich zu einer etwas paradox klingenden Schlussfolgerung: Wer tatsächlich meint, sich etwas auf seine Klugheit einbilden zu müssen, zeigt damit nur, dass er so klug gar nicht ist. *Stolz auf Intelligenz ist kein Zeichen von Intelligenz.*

Um nicht missverstanden zu werden: Ich behaupte keineswegs, dass wir bloß »Marionetten unserer Gene« sind. *Wer wir sind* und *was wir können,* ist selbstverständlich nicht allein unseren *Erbanlagen* geschuldet, sondern auch den *Erfahrungen,* die wir in unserem Leben gemacht haben. Doch auch diese haben wir uns nicht freiwillig ausgesucht. Wir hatten keine Kontrolle darüber, in welche Zeit, in welche Kultur, in welche Gesellschaft, in welches Milieu oder in welche Familie wir hineingeboren wurden. Wir hatten keinen Einfluss darauf, ob man uns als Kinder gefördert oder vernachlässigt, ob man uns als eigenständige Wesen respektiert oder zu Befehlsempfängern degradiert, ob man unsere Neugier genährt oder durch Denkverbote abgetötet hat.

Worauf ich hinauswill: Wir sollten begreifen, dass jeder von uns nur der *sein kann,* der er aufgrund seiner Anlagen und Erfahrungen *sein muss.* Auch du hattest in dieser Hinsicht *keine Wahl.* Es mag zwar sein, dass du über dein Leben heute *in hohem Maße selbst bestimmen kannst,* aber das ändert nichts daran, dass *dein Selbst in hohem Maße von Faktoren bestimmt wurde,* über die du *nicht bestimmen konntest.*

Vielleicht widerstrebt dir diese Perspektive. Du könntest einwenden, dass es doch viele Menschen gegeben habe, die *trotz widrigster Ausgangsbedingungen* ihren Weg gegangen sind. Was im Leben zähle, so könntest du sagen, sei doch nicht, ob man mit *besonderen Talenten* oder mit einem »goldenen Löffel im Mund« geboren wurde, sondern ob man bereit ist, *hart genug an sich zu arbeiten*, um die Ziele zu erreichen, die man sich gesetzt hat.

Dem will ich gar nicht widersprechen. Tatsächlich kommt es im Leben weniger darauf an, mit welchen Anlagen man geboren wurde, als darauf, *was man aus ihnen macht*. Und es ist auch überhaupt nicht zu bezweifeln, dass *besondere Leistungen* nicht nur eines *besonderen Talents* bedürfen, sondern vor allem auch eines *besonderen Trainings*, eines *besonderen Fleißes* und einer *besonderen Ausdauer*. Ohne einen solchen Fleiß und ohne eine solche Ausdauer hätte es *Thomas Edison*, der aus ärmlichsten Verhältnissen stammte und nur wenige Wochen Schulbildung genießen konnte, mit Sicherheit nicht geschafft, zu einem der erfolgreichsten Erfinder der Menschheitsgeschichte zu werden. Edison war sich dessen voll bewusst: »Genialität«, so sagte er einmal, »ist ein Prozent Inspiration und 99 Prozent Transpiration«.[7] Ohne *Schweiß* kein *Preis*.

Allerdings dürfen wir in diesem Zusammenhang nicht übersehen, dass auch *Leistungsbereitschaft*, *Selbstdisziplin* und *Frustrationstoleranz* nicht »vom

Himmel fallen«, sondern – wie unsere anderen Eigenschaften auch – auf Milliarden und Abermilliarden von Faktoren zurückzuführen sind, die wir uns nicht ausgesucht haben. Zu berücksichtigen sind dabei nicht nur die genetischen Informationen in unseren Zellen, der Hormonspiegel unserer Mutter während der Schwangerschaft, das Einkommen, der Bildungsstand, die psychische Gesundheit unserer Eltern, sondern auch die vielen kleineren und größeren Zufälle unserer Lebensgeschichte: die Menschen, denen wir begegnet sind, die Texte, die wir gelesen, die Filme, die wir gesehen, die Musik, die wir gehört haben, und so vieles andere mehr.

Wir machen uns viel zu selten bewusst, wie sehr unsere individuellen Eigenschaften von solchen *zufälligen Faktoren* bestimmt sind – und *wie leicht es hätte anders kommen können*: Schon ein kurzer Sauerstoffmangel bei meiner Geburt hätte dafür gesorgt, dass ich keine Bücher schreiben, sondern Kugelschreiber in einer Behindertenwerkstatt zusammenschrauben würde. Eine andere Familie oder ein anderer Freundeskreis hätten womöglich schon genügt – und ich würde heute nicht auf Vortragsreisen gehen, sondern eine langjährige Haftstrafe als Mörder verbüßen.

Fakt ist: Mit *anderen Anlagen* und *anderen Erfahrungen* wären wir *andere Menschen* mit *anderen*

Eigenschaften. Wenn du also in deiner persönlichen Lebensbilanz zu einem positiven Ergebnis kommst, wenn du über Eigenschaften verfügst, die andere an dir wertschätzen, so hast du allen Grund dazu, dich *darüber zu freuen. Aber bilde dir bitte nichts darauf ein!* Sei vielmehr *dankbar* für die unüberschaubare Kette von Faktoren, die dich in deine jetzige, komfortable Lage gebracht haben – statt ins Gefängnis, die Psychiatrie oder in eines der vielen Elendsquartiere dieser Welt.

Wie sehr man dich auch dafür loben mag, der zu *sein*, der du *bist* und das zu *können*, was du *kannst*, hebe nicht ab, sei *bescheiden*! Denn letztlich bleibt es dabei: Das Leben ist ein *Glücksspiel*, eine *Lotterie*, bei der einige von uns ein Traumlos ziehen, während es andere übel trifft. Wer sich darauf etwas einbildet, hat nur wenig vom Leben begriffen.

Ein virtuelles Theaterstück

Möglicherweise hat dich diese erste Lektion irritiert. Welche Rolle, so fragst du dich vielleicht, spiele *ich* denn unter diesen Voraussetzungen? Bin *ich* denn nicht so viel mehr als bloß die Summe meiner Anlagen und Erfahrungen? Bin *ich* es denn nicht, der die Entscheidungen in meinem Leben trifft? Wo bleibt meine *Eigenständigkeit*, meine *Autonomie*, mein *freier Wille*?

Diese Fragen sind nicht leicht zu beantworten. Deshalb möchte ich dich bitten, *speziell für diese zweite Lektion Geduld aufzubringen*. Wir werden nämlich etwas genauer untersuchen müssen, was wir damit meinen, wenn wir »Ich« sagen oder von unserem »freien Willen« sprechen. Das kann im ersten Moment vielleicht etwas trocken und theoretisch wirken, doch spätestens in den nachfolgenden Lektionen wirst du erkennen, dass diese theoretischen Überlegungen mit enormen *lebenspraktischen Konse-*

quenzen verbunden sind. Denn sie bestimmen maßgeblich darüber, ob wir die Welt im *Modus der Gelassenheit* oder im *Modus der Empörung* erleben.

Beginnen wir also mit der Frage nach der »Freiheit des Willens«: Über dieses Thema sind ganze Bibliotheken geschrieben worden. Seltsamerweise haben es viele Autorinnen und Autoren versäumt, genauer zu bestimmen, *wovon* der »freie Wille« eigentlich frei sein soll. Einige meinten tatsächlich, unser Wille sei nur dann »frei«, wenn man ihn nicht auf *natürliche Ursachen* zurückführen könne. Doch unter dieser Bedingung wäre unser Wille ein »übernatürliches Ereignis«, ein »unerklärliches Wunder«, das irgendwie auf das Kausalgefüge der Welt einwirkt, ohne selbst von diesem Kausalgefüge bestimmt zu sein. Schon Arthur Schopenhauer hat darauf hingewiesen, dass ein solcher »ursachenfreier Wille« ein *undenkbarer Gedanke* sei, da Denken ja bedeutet, Kausalitäten zu berücksichtigen, weshalb wir uns einen »ursachenfreien Willen« gar nicht vorstellen könnten, ohne dass uns dabei »der Verstand stille steht«.[1]

Sehr viel vernünftiger scheint es demgegenüber zu sein, den »freien Willen« als einen Willen zu definieren, der auf unser *eigenes Selbst zurückzuführen ist. Freiwillig* sind demnach alle Handlungen, zu denen wir uns als autonome Personen *bewusst* und *ohne äußeren Zwang* entschlossen haben. *Unfreiwillig* hingegen sind Handlungen, die wir entweder *nicht* bewusst geplant haben oder die unter solch starkem *innerem oder äußerem Druck* erfolgten, dass wir möglicherweise das exakte Gegenteil von dem *tun mussten*, was wir eigentlich *tun wollten* (etwa in einer Diktatur, in der wir aus Angst um uns und unsere Liebsten gezwungen sind, auf eine freie Äußerung unserer Meinung zu verzichten).

Diese Unterscheidung zwischen *Selbstbestimmung* und *Fremdbestimmung* ist zweifellos wichtig, doch sie verlagert unser eigentliches Problem nur um eine Stelle nach hinten. Denn die Tatsache, dass wir über unsere Handlungen *selbst bestimmen können*, sagt nichts darüber aus, wodurch *unser Selbst bestimmt ist*. Nehmen wir an, dass unser Ich auf *natürliche Ursachen* zurückzuführen ist, so ist es in dieser Hinsicht *nicht »frei«*, sondern *ursächlich bedingt*. Glauben wir hingegen, dass es *unabhängig von den Ursache-Wirkung-Zusammenhängen der Welt existiert*, so machen wir es zu einem »unerklärlichen Wunder«, bei dem »der Verstand stille steht«.[2]

Glücklicherweise hat die *moderne Hirnforschung* ein wenig Licht ins Dunkel der philosophischen Debatte gebracht. Wir wissen heute sehr viel mehr darüber, was in unserem Kopf passiert, wenn wir Entscheidungen treffen. Dabei hat sich gezeigt, dass die Prozesse, die in unserem Denkapparat stattfinden, sich *nicht grundlegend* von den Vorgängen unterscheiden, die in den Hirnen anderer hoch entwickelter Säugetiere zu beobachten sind – was auch nicht verwunderlich ist, wenn man bedenkt, wie eng wir mit ihnen verwandt sind.

Wir sind zwar noch immer weit davon entfernt, das Gehirn in seiner ganzen Komplexität zu begreifen, jedoch kann heute kein vernünftiger Zweifel mehr daran bestehen, dass unser »Ich« von den Vorgängen in unserem Gehirn gesteuert wird. Zwar glauben viele von uns noch immer, dass wir über unser Gehirn ähnlich verfügen könnten wie über andere Körperteile. Wir sagen etwa: »Schalt doch mal dein Hirn ein!«, wenn jemand offensichtlichen Unsinn daherredet. Bei genauerer Betrachtung beruhen derartige Redewendungen jedoch auf einer kolossalen Verdrehung der Tatsachen. Denn es ist keineswegs so, dass das Gehirn in irgendeiner Weise abhängig wäre vom »Ich«. Es ist umgekehrt: *Das »Ich« ist eine Konstruktionsleistung des Gehirns.*

Das, was uns *als Personen auszeichnet*, was wir denken und empfinden, was wir können und was uns beim besten Willen nicht gelingt, wird bestimmt von neuronalen Prozessen, die unter unserer Schädeldecke ablaufen, ohne dass wir dies (außerhalb eines neurologischen Labors) wahrnehmen könnten. Und ebendeshalb kann es dramatische Konsequenzen haben, wenn bei den vielen Millionen Rechenoperationen, die das Gehirn in jeder Sekunde unseres Lebens durchführt, irgendetwas schiefläuft. Wir sehen dies bei degenerativen Hirnerkrankungen wie Alzheimer: Wenn die Neuronen im Gehirn absterben, verlieren die Betroffenen all das, was ihre Persönlichkeit in früheren Jahren auszeichnete.

Wenn wir an dieser Stelle noch etwas genauer hinschauen, stoßen wir auf ein faszinierendes Phänomen. Denn unser Selbst ist kein Ding, das in etwa der gleichen Weise existieren würde wie beispielsweise ein Kopf oder Fuß. *An sich*, so könnte man sagen, *existiert unser Ich gar nicht!*[3] Es *erscheint* uns bloß als ein *einheitliches, unteilbares Gebilde*, in Wahrheit aber ist das *Ich* ein Trugbild, das von Abermillionen kleinster Subprozesse im Gehirn hervorgerufen wird.

Bei der *Konstruktion deines Ichs* greift dein Gehirn auf unzählige Unterprogramme sowie Unterprogramme von Unterprogrammen zurück, die sich jeweils mit kleinsten Details, etwa mit der Frequenz deiner Atmung oder mit deiner Verortung im Raum, mit Erinnerungen an einen Geruch aus deiner Vergangenheit oder an eine bestimmte Sequenz einer Filmhandlung beschäftigen. Diese Unterprogramme werden, ohne dass du davon auch nur einen Hauch mitbekommst, so geschickt auf einen gemeinsamen Nenner heruntergerechnet, dass bei dir, dem virtuell Konstruierten, der Eindruck entsteht, genau *die* Person zu sein, von der du annehmen sollst, dass du sie bist.

Um es noch etwas schärfer zu formulieren: Jenes »wundersame Ich«, an das wir uns so verzweifelt klammern und das uns in der Regel als so *ungeheuer bedeutsam* erscheint, ist in Wirklichkeit bloß ein *virtuelles Theaterstück*, das von einem blumenkohlförmigen Organ in unseren Köpfen inszeniert wird. Schon allein deshalb sollten wir unser *Ich* nicht so furchtbar ernst nehmen, wie wir es gemeinhin tun.

Wir werden auf diesen Sachverhalt zu einem späteren Zeitpunkt zurückkommen. An dieser Stelle ist zunächst ein anderer Aspekt dieses Themas wichtiger, denn mit ihm stoßen wir gewissermaßen zum Kernproblem des sogenannten »freien Willens« vor: Gewöhnlich unterstellen wir nämlich, dass wir uns in einem gegebenen Moment *anders* hätten *verhalten können*, als wir uns *de facto verhalten haben*. Man bezeichnet diese Unterstellung als das »Prinzip der alternativen Möglichkeiten«, kurz PAM.[4] Auf diesem Prinzip beruhen all unsere moralischen Vorstellungen von Schuld und Sühne, von individueller Leistung und gerechtem Lohn.

Doch PAM hat einen riesigen Makel: Denn wenn die Naturgesetze auch für uns Menschen gelten (und warum sollten sie es auch nicht?!), so muss PAM und damit unser Konzept von Schuld und Sühne, Lohn und Leistung falsch sein! Warum falsch? Ganz einfach: Weil wir in jedem Moment unseres Lebens nur *einen* spezifischen Hirnzustand aufweisen, auf dessen Basis wir unsere Entscheidungen treffen. Es gibt in keinem Moment unseres Lebens einen *zweiten, alternativen* Hirnzustand, der uns dazu veranlassen könnte, eine *alternative* Entscheidung zu treffen.

Daher wäre ein Mensch, *der im selben Moment* unter exakt denselben Bedingungen (also identischen äußeren Reizen und inneren Verarbeitungsmustern) *sowohl Handlung A als auch Handlung B* durchführen könnte, ein *größerer Magier* als alle David Copperfields der Erde zusammengenommen. Ein solches »Anderskönnen« würde nämlich nicht weniger als einen *Riss im universalen Kausalgefüge der Welt* verlangen, also ein »unerklärliches Wunder«, eine *Wirkung ohne natürliche Ursache*.

Der Strafrechtler Eduard Kohlrausch fasste diesen Sachverhalt mit Blick auf das *vermeintliche Anderskönnen* von Straftätern schon vor über einem Jahrhundert in die klassischen Worte: »Ein Mensch, der unter eindeutig gegebenen äußeren und inneren Umständen genauso gut *so* wie *anders* handeln könnte, gehört nicht ins Zuchthaus, auch nicht in eine Irrenanstalt, sondern in einen Glaskasten, auf dass ihn jeder anstaune als die abnormste und unbegreiflichste Bildung, die ein Menschenauge bisher geschaut hat.«[5]

Was bedeutet dies *für dich* und *dein Leben*? Der logische Schluss liegt eigentlich auf der Hand: Du hattest gar nicht die *Chance*, die Fehler, die du in der Vergangenheit *begangen hast, nicht zu begehen.* Und du hattest auch nicht die Möglichkeit, die Leistungen, die du *erbracht hast, nicht zu erbringen.* Du hast stets nur das *tun können*, was du unter den gegebenen Bedingungen *tun musstest.* Du warst weder in der Lage, eine *bessere* noch eine *schlechtere* Entscheidung zu treffen, weder *erfolgreicher* noch *erfolgloser* zu sein, weder *freundlicher* noch *unfreundlicher,* weder *glücklicher* noch *unglücklicher.* Du hattest schlichtweg *keine andere Wahl.*

Möglicherweise verstört dich diese Perspektive. Das wäre nicht verwunderlich, denn wir nehmen die Vorstellung des »Anderskönnens« gewissermaßen mit der *kulturellen Muttermilch* auf und werden von Kindesbeinen an darauf trainiert, die Welt aus dieser Perspektive wahrzunehmen. Dass man die Welt auch von einer völlig anderen Warte aus betrachten könnte, kommt vielen Menschen gar nicht erst in den Sinn.

Viele sperren sich wohl nicht zuletzt auch deshalb vehement gegen eine andere Sichtweise, weil sie befürchten, einen elementaren Bestandteil ihrer *Freiheit* zu verlieren, wenn sie akzeptieren würden, dass sie sich in einer gegebenen Situation *nicht anders hätten verhalten können*, als sie sich *verhalten haben*. Aber ist diese Einschätzung richtig? Verlieren wir wirklich ein wesentliches Element unserer *Freiheit*, wenn wir uns vom »Prinzip der alternativen Möglichkeiten« verabschieden? Ist es für unser subjektives Freiheitsempfinden wirklich von elementarer Bedeutung, dass wir an dem Glauben festhalten, unser Ich, unser Selbst, unser Wille sei nicht durch klar benennbare Ursachen bestimmt?

Die Antwort auf diese Fragen lautet: Nein! Denn »die Freiheit, die wir meinen«, wenn wir diesen Begriff emphatisch benutzen, ist stets eine *Freiheit des Tuns*, eine *Handlungsfreiheit*, keine *Willensfreiheit* im strengen Sinne. *Frei zu sein*, das bedeutet, *tun zu können, was man will* – es bedeutet nicht, zu einem bestimmten Zeitpunkt etwas *anderes wollen zu können* als das, was man will.

Die Freiheit, um die es uns geht, ist eine *Freiheit von Zwängen*, die unserem Willen entgegenstehen, es ist keine *Freiheit von Ursachen*, die unseren Willen überhaupt erst formen! Wir sind frei, wenn uns *weder innere noch äußere Zwänge* davon abhalten, unseren Willen in die Tat umzusetzen. Im Normalfall wird es hingegen niemand als Einschränkung seiner Freiheit begreifen, dass er in einem bestimmten Moment *genau das will, was er will* – und nicht etwa *das Gegenteil von dem, was er will.*

Ich habe im letzten Satz ganz bewusst »im Normalfall« geschrieben. Denn es gibt durchaus Situationen, in denen wir uns wünschen würden, *etwas anderes wollen zu können* als das, was uns unser Hirn als manifesten Willen vorgibt. Ich habe dies einmal an dem klinischen Beispiel einer Frau beschrieben, die mit ihrem Kind liebend gern in den Park gegangen wäre, aber aufgrund einer schweren Vogelphobie dazu nicht in der Lage war.[6] Der Wille, dem »gefährlichen Federvieh« zu entgehen, triumphierte immer wieder über ihren Willen, mit der Tochter im Freien zu spielen, obgleich sich die Mutter sehnlichst das Gegenteil wünschte.

Aber auch in diesem Fall haben wir es nicht mit einem Problem der (fiktiven) Willensfreiheit zu tun, sondern mit einer Einschränkung der *inneren Handlungsfreiheit.* Schließlich war die Mutter aufgrund des *inneren Zwangs,* der durch die Phobie ausgelöst wurde, nicht in der Lage, ihren *Willen in die Tat umzusetzen.* Glücklicherweise gelang es ihr später, die Angststörung im Rahmen einer Therapie zu überwinden. Durch die Therapie wurde ihr Wille nicht plötzlich »ursachenfrei«, er war natürlich weiterhin *durch Ursachen bestimmt* (nicht zuletzt durch die erfolgreiche therapeutische Maßnahme). Aber: Sie litt von nun an nicht mehr unter dem *inneren Zwang*, der ihr *Freiheitsempfinden* zuvor so nachhaltig gestört hatte.

Ich habe das Beispiel der erfolgreich therapierten Mutter auch deshalb hier angeführt, weil es sehr schön demonstriert, was der Abschied vom »Prinzip der alternativen Möglichkeiten« (PAM) bedeuten sollte – und was nicht: Wenn wir mit guten Gründen davon ausgehen, dass wir uns in der Vergangenheit *nicht anders hätten entscheiden können*, als wir uns entschieden haben, so heißt dies keineswegs, dass wir uns mit unserer heutigen Perspektive *nicht völlig anders entscheiden würden*. Tatsächlich können wir in unserem Leben sehr wohl *andere Entscheidungen treffen* – nur eben nicht in *ein und demselben Moment* unter den in diesem Moment vorherrschenden Bedingungen.

Vielleicht sollte man diesen letzten Satz noch etwas schärfer formulieren: Wir *können* nicht bloß andere Entscheidungen treffen, als wir sie in der Vergangenheit getroffen haben, sondern *müssen* vielfach andere Entscheidungen treffen, da sich unsere *heutigen Hirnzustände* von *früheren Hirnzuständen* unterscheiden. So musste die Mutter aus unserem Beispiel den Wunsch ihres Kindes, im Park zu spielen, *vor der Therapie* ebenso ablehnen, wie sie ihn *nach der Therapie* in vielen Fällen erfüllen muss, da sie gar nicht mehr in der Lage ist, ihre alten Ängste vor Vögeln zu reaktivieren (was freilich weder die Mutter noch das Kind schmerzen dürfte).

Glücklicherweise bedarf es in der Regel keiner Therapie, um unsere Willensbestrebungen zu korrigieren und bessere Entscheidungen zu treffen, als wir sie in der Vergangenheit getroffen hätten. Meist reicht es schon aus, etwas gründlicher über einen Sachverhalt *nachzudenken*. Und exakt zu diesem Zweck gibt sich dein Gehirn auch so große Mühe damit, dein *virtuelles Ich* in solch überzeugender Weise zu konstruieren. Denn nur mithilfe eines stabilen virtuellen Ichs kannst du dich gedanklich in *Beziehung zu anderen Personen* setzen, die möglichen Folgen deiner Handlungen antizipieren und auf dieser Basis eine ausgewogene Entscheidung treffen.

Für eine kluge Handlungsplanung ist es erforderlich, dass du in einem imaginären Theaterstück die Rollen durchspielst, die andere Personen möglicherweise einnehmen werden, wenn du dich *so* oder *anders* verhältst. Dies verlangt eine *innere Repräsentation* nicht nur der anderen mit ihren jeweiligen Eigenschaften und Interessen, sondern auch eine entsprechende Repräsentation deiner selbst auf der imaginären Bühne deines Bewusstseins. Fakt ist: Wir alle brauchen ein solches virtuelles Selbst, um uns die möglichen Konsequenzen unseres Handelns in unserem eigenen *Kopfkino* vorstellen und diese abwägen zu können. Fällt es aus, sind wir nicht mehr in der Lage, komplexe Entscheidungen zu treffen.

Es wäre daher unvernünftig, die Bedeutung des virtuellen Ichs herunterzuspielen. Ebenso unvernünftig wäre es aber auch, seine Bedeutung zu überschätzen. Denn es besteht kein Zweifel daran, dass Sigmund Freud recht hatte, als er davon sprach, *dass unser Ich nicht einmal »Herr im eigenen Haus« ist*[7] – auch wenn wir uns dies subjektiv kaum vorstellen können, da unsere Hirne mit enormem Aufwand die Illusion erzeugen, dass *wir selbst* es seien, die das Zepter in der Hand hielten und über unser Leben etwa in der Weise regieren könnten wie ein absolutistischer Herrscher über sein Königreich.

Tatsache ist aber, dass dein bewusstes Ich nur einen winzig kleinen Bruchteil der Prozesse widerspiegelt, die in deinem Kopf stattfinden. *99,9 Prozent der Vorgänge in deinem Gehirn bleiben deinem virtuellen Selbst verborgen.* Allerdings solltest du dich nicht darüber empören, dass das blumenkohlförmige Organ in deinem Schädel dir so wenig über seine geheimen Denkoperationen verrät. Denn dein *Ich-Bewusstsein* arbeitet nur mit einer mageren Rechenleistung von maximal 50 *Bits pro Sekunde*, während allein deine Augen pro Sekunde etwa 10 *Millionen Bits* an Information senden, die neuronal verarbeitet werden müssen.[8] Deshalb sollte dir klar sein: Würde dein Gehirn all seine Rechenoperationen in dein Bewusstsein übermitteln, so würde dein virtuelles Ich angesichts der gigantischen Datenmenge augenblicklich abstürzen – wie ein Computer, auf dem viele Hunderttausend Programme gleichzeitig gestartet werden.

Dass dein Gehirn viele Millionen Entscheidungen trifft, ohne dich darüber zu informieren, hat den schönen Effekt, dass du aus Fehlern lernen kannst, ohne darüber nachzudenken. Eine bewusste, kritische Reflexion ist in den allermeisten Fällen auch gar nicht nötig, wäre also reine Energieverschwendung, da bewusste Denkprozesse besonders viele Ressourcen verbrauchen. Aus diesem Grund lässt dein Hirn dein bewusstes Ich meist aus dem Spiel, automatisiert also die Entscheidungsprozesse. Hast du einmal auf eine heiße Herdplatte gefasst, wirst du es kein zweites Mal versuchen (es sei denn, du hast eine spezielle Neigung dazu oder dir fehlen die neuronalen Prozesse der Schmerzverarbeitung, was jedoch ein seltenes Phänomen ist).

Um nicht immer wieder die gleichen Fehler zu begehen, ist dein Gehirn ständig in Bewegung – auch wenn du selbst davon kaum etwas mitbekommst. Unablässig speichert es *neue Erfahrungen* ab und macht sie zur Grundlage *neuer Entscheidungen*. Darwins Satz »Nichts ist beständiger als der Wandel«[9] gilt auch für dein Gehirn. *Es ist nicht zu ändern, dass es sich ändert.* Und mit den wechselnden Hirnzuständen wandelt sich auch dein Selbst: *Du kannst nicht der bleiben, der du bist.*

Macht man sich dies bewusst (wofür wir unseren bescheidenen 50-Bit-Arbeitsspeicher ein wenig strapazieren müssen), so wird einem klar, dass es nicht sinnvoll wäre, den Abschied von der Idee des Anderskönnens mit *fatalistischen Vorstellungen* (etwa mit dem Glauben an die »Macht des Schicksals«) zu verbinden. Du solltest also aus der Tatsache der *ursächlichen Bestimmung* deines Denkens und Handelns nicht die Fiktion einer *schicksalhaften Vorbestimmung* deines Denkens und Handelns ableiten.

Denn wir Menschen sind weder »Marionetten des Schicksals« noch »Sklaven unserer Gene«. Wir sind keine Automaten, die auf dem Laufband der Zeit ein striktes Programm abspulen müssten, das von irgendeiner Instanz vorab festgelegt worden wäre.[10] Zwar lassen sich einige Grundparameter unseres Lebens nicht ändern, entscheidend ist aber, dass sich die neuronalen Programme, denen wir folgen, von Sekunde zu Sekunde *selbst umprogrammie-*

ren.[11] Würden deine Gene wirklich vorherbestimmen, was in deinem Leben passiert, so müsstest du kein derart ressourcenintensives Gehirn mit dir herumtragen, das in jedem Moment deines Lebens nach neuen Informationen sucht, um *das Beste für dich* (und sich selbst) herauszuholen.

Natürlich funktioniert das nicht immer perfekt. Das, was deinem Hirn als das Beste *erscheint*, muss keineswegs das Beste für dich *sein*. Selbst der funktionstüchtigste Denkapparat kommt nicht umhin, falsche Schlüsse zu ziehen. Zudem *denkt kein Kopf allein*,[12] denn das Gehirn ist ein *Beziehungsorgan*: Wird es von seinem kulturellen Umfeld mit falschen Informationen gefüttert (etwa mit der Vorstellung, dass die Erde erst vor wenigen Tausend Jahren erschaffen wurde), so wird es fast zwangsläufig fehlerhafte Urteile fällen, obgleich es in seinen internen Prozessen fehlerfrei gearbeitet hat.

Dies alles ändert jedoch nichts daran, dass dein Gehirn stets das Beste für dich will und unablässig nach neuen Informationen sucht, um dein Leben erfolgreich zu gestalten. Zwar konnte es dich in der Vergangenheit nicht daran hindern, die Fehler zu begehen, die du begangen hast, aber es wird dich nun, sofern es die richtigen Schlüsse gezogen hat, mit aller Macht daran hindern, die gleichen Fehler noch einmal zu begehen.

Das heißt: Gerade *weil* dein Gehirn so sensibel auf Umweltreize reagiert, gerade *weil* es dein Denken, Handeln und Empfinden ursächlich bestimmt, wirst du dich künftig anders verhalten, als du dich früher verhalten hast. Und möglicherweise wirst du in Zukunft gerade dadurch auch einige jener *Zwänge* überwinden, die dich in deinem bisherigen Leben an der Verwirklichung deiner Ziele gehindert haben.

Ich hoffe, du erkennst daran, dass der *Abschied von der Idee des ursachenfreien Willens* keineswegs mit einer Einschränkung deiner *Freiheit* verbunden ist. Im Gegenteil: Gerade die Einsicht in die *ursächliche Bedingtheit deines Willens* kann dir ganz neue *Freiheitsräume* eröffnen! Die nächste Lektion wird zeigen, warum dies so ist.

Die Kunst der Vergebung (I)

Wir haben in den ersten beiden Lektionen gesehen, dass unsere Gefühle von Stolz und Scham, von moralischer Bewunderung und Verachtung, auf einer fehlerhaften Überzeugung beruhen, nämlich auf der Unterstellung, dass wir klüger, attraktiver, erfolgreicher, freundlicher *sein könnten*, als wir es *de facto sind*. Die Frage ist: Wie verändern sich unsere Gefühle und Einstellungen, wenn wir von der gegenteiligen Überzeugung ausgehen und akzeptieren, dass wir nur *exakt diejenigen sein können*, die wir aufgrund unserer Anlagen und Erfahrungen *sein müssen*?

Als Sigmund Freud davon sprach, dass das *Ich* nicht »Herr im eigenen Haus« sei, meinte er, diese Erkenntnis sei nach der »Kopernikanischen Kränkung« (die Erde ist nicht der Mittelpunkt des Universums) und der »Darwinschen Kränkung« (der Mensch ist bloß ein zufälliges Produkt der Evolution) die *dritte fundamentale Kränkung*, welche die wissenschaftliche Forschung der menschlichen Selbstverliebtheit zugefügt habe.[1] Tatsächlich wurde der Abschied vom »stolzen Ich« meist auch in dieser Weise interpretiert. Man sah in ihm eine *Kränkung unseres Selbstwertgefühls* – keine *Chance*, unsere Illusionen zu überwinden und ein *reiferes, gelasseneres, humorvolleres Selbstbild* zu entwickeln.

Einer der wenigen Menschen, die diese Chance erkannten, war Albert Einstein – und es scheint mir angebracht zu sein, an dieser Stelle den vollständigen Wortlaut jener Textpassage wiederzugeben, die ich im Vorwort kurz zitiert habe. Ausgehend von seiner Aussage, dass er »keineswegs« an die »Freiheit des Menschen im philosophischen Sinne« glaube, da jeder von uns »nicht nur unter äußerem Zwang, sondern auch gemäß innerer Notwendigkeit« handle, erklärte Einstein mit wenigen Worten die fundamentale Bedeutung, die diese Einsicht für sein eigenes Welterleben hatte:

Schopenhauers Spruch: »Der Mensch kann zwar tun, was er will, aber nicht wollen, was er will«, hat mich seit meiner Jugend lebendig erfüllt und ist mir beim Anblick und beim Erleiden der Härten meines Lebens immer ein Trost gewesen und eine unerschöpfliche Quelle der Toleranz. Dieses Bewusstsein mildert in wohltuender Weise das leicht lähmend wirkende Verantwortungsgefühl und macht, dass wir uns selbst und die andern nicht gar zu ernst nehmen; es führt zu einer Lebensauffassung, die auch besonders dem Humor sein Recht lässt.[2]

Ich war wohl 15 oder 16 Jahre alt, als ich diese Zeilen das erste Mal las, aber ich weiß noch heute, welch gewaltigen Eindruck sie auf mich machten. Vermutlich habe ich in den letzten 35 Jahren über keine Textpassage so intensiv nachgedacht wie über diese – gerade auch, nachdem mir klar wurde, dass Einsteins Worte, die auf mich so intuitiv einleuchtend wirkten, bei den allermeisten Menschen, mit denen ich sprach, ein noch größeres Unverständnis hervorriefen als die Kernaussagen der *Allgemeinen Relativitätstheorie*.

Im Grunde war *Jenseits von Gut und Böse* und ist auch dieses Buch kaum mehr als eine groß angelegte Meditation über den Sinngehalt von Einsteins Weisheit, die, wie ich meine, so etwas wie eine *E=mc²-Formel der Selbsterkenntnis* enthält. Denn Einstein hatte recht: Tatsächlich könnten wir eine sehr viel *humorvollere, tröstlichere, tolerantere, freiere* (weil weniger lähmende) *Lebensauffassung* entwickeln, wenn wir uns endlich damit abfinden würden, dass wir bloß diejenigen *sein können*, die wir unter den gegebenen Bedingungen *sein müssen*.

Um dies zu verstehen, ist es hilfreich, die *Einsteinsche Sichtweise*, die sich von der Idee des »stolzen Ichs« verabschiedet, mit der exakt *gegenteiligen Perspektive* zu konfrontieren, in der das eigene Ich eine besonders herausgehobene Position einnimmt. Nennen wir diese *Anti-Einstein-Sichtweise* der Einfachheit halber die *Trumpsche Perspektive* (spontan fällt mir niemand ein, der diese Rolle so perfekt ausfüllen könnte wie jener Mann mit der charakteristischen Frisur).[3]

In der *Trumpschen Perspektive* steht dein Ich im Zentrum dieser Welt. Du bist überzeugt davon, dass all deine Erfolge wesentlich auf dein *grandioses Selbst* zurückzuführen sind. Diejenigen, die es in ihrem Leben nicht so weit gebracht haben wie du, sind deiner Meinung nach *selber schuld*. Auch deshalb musst du dir selbst und der Welt Tag für Tag aufs Neue beweisen, was für ein »toller Hecht« du bist, und dafür sorgen, dass dir auch wirklich jenes hohe Maß an Achtung, Respekt und Bewunderung entgegengebracht wird, das einer »bedeutenden Person« wie dir gebührt.

Wenn du die Welt in dieser Trumpschen Weise wahrnimmst, setzt du dich natürlich erheblichem Psychostress aus – nicht nur, weil du dich permanent beweisen musst, sondern auch, weil jeder Mitmensch zur potenziellen *Gefahr* wird, könnte er doch offenlegen, dass du längst nicht so großartig bist, wie du dich nach außen gibst. Aus diesem Grund wirst du eine starke Neigung verspüren, jeder noch so harmlosen Kritik aus dem Weg zu gehen. Schließlich wird es dir unter der Perspektive des stolzen Ichs unglaublich schwerfallen, zu deinen Fehlern zu stehen, da du sie keiner anderen Instanz als deinem eigenen Selbst zuschreiben müsstest.

Dies aber kann dein grandioses Selbstbild nicht zulassen, ohne dabei Schaden zu nehmen (die unschöne Kehrseite des Stolzes ist, wie wir ja bereits gesehen haben, ein ganzes Arsenal an Schuld-, Scham- und Minderwertigkeitsgefühlen). Also wirst du nach der Devise »Augen und Ohren zu und durch!« agieren. Sobald du kritisiert wirst, wirfst du deinen Kritikern vor, »Fake News« zu verbreiten. Sind ihre Argumente zu stark, präsentierst du »alternative Fakten«. Hilft auch das nicht, suchst du nach Sündenböcken, denen du die »Last der Schuld« übertragen kannst.

Solche Sündenböcke zu finden, wird dir nicht schwerfallen, denn unter der Trumpschen Perspektive neigst du dazu, die Welt in *Freunde* und *Feinde*, in »die Guten« und »die Bösen« zu unterteilen. Denen, die dich unterstützen, wirst du deine Gunst erweisen, diejenigen aber, die deine Werte und Vorstellungen nicht teilen, mit aller moralischen Inbrunst verfolgen. Schließlich geht es dir nicht bloß darum, deine Widersacher zu *besiegen*, du willst über sie *triumphieren*. Das Ende einer Auseinandersetzung empfindest du erst dann als *gerecht*, wenn du dich hinreichend *gerächt* hast. Denn *Vergebung* ist für dich ein Zeichen der Schwäche, *Vergeltung* ein Zeichen der Stärke.

Ist diese Darstellung der Trumpschen Perspektive überspitzt? Vielleicht. Aber ich denke, sie trifft die Kernelemente einer weitverbreiteten Weltsicht (und ein wenig Trump steckt wohl in jedem von uns!). Zudem erlaubt diese idealtypische Beschreibung einen wirkungsvollen Kontrast zur Einsteinschen Sichtweise, die wir uns nun etwas genauer anschauen werden.

In der *Einsteinschen Perspektive* nimmst du dein *50-Bit-Ich* nicht mehr gar so tödlich ernst. Du weißt, dass deine Erfolge auf Milliarden und Abermilliarden von Faktoren zurückzuführen sind, die außerhalb deiner Kontrolle lagen. Und du bist dir dessen bewusst, wie leicht es anders hätte laufen können, weshalb du gar nicht erst auf den Gedanken kommst, auf diejenigen herabzublicken, die es in ihrem Leben nicht so weit gebracht haben wie du. Du musst auch niemandem mehr beweisen, wie »großartig« du bist, denn es ist überhaupt nicht dein Ziel, von anderen bewundert zu werden.

Deine Mitmenschen erlebst du nicht als Gefahr, sondern als *Chance*, mehr über die Welt, die anderen und dich selbst zu erfahren. *Kritik* empfindest du nicht als Bedrohung, sondern als ein *Geschenk*, mit dessen Hilfe du dich von deinen Fehlern befreien kannst. Du hast keine Angst davor, dass deine Unzulänglichkeiten aufgedeckt werden könnten, da du ganz genau weißt, dass du unter den gegebenen Bedingungen nun einmal nicht besser sein kannst, als du bist.

Du wirst die Fehler, die du in der Vergangenheit begangen hast, zwar *bereuen*, aber du wirst dich deshalb nicht mit moralischen *Schuldgefühlen* herumplagen. Schließlich ist dir klar, dass es überhaupt nicht in deiner Macht lag, die Fehler, die du begangen hast, in der gegebenen Situation nicht zu begehen. Diese Einsicht hilft dir nicht nur, zu deinen eigenen Fehlern zu stehen, sondern sie lässt dich auch den Fehlern deiner Mitmenschen mit größerer Toleranz begegnen. Und ebendeshalb wird es dir in einer Auseinandersetzung auch nicht darum gehen, die anderen bloßzustellen, sondern gemeinsam mit ihnen eine klarere, rationalere und fairere Sicht der Dinge zu entwickeln, sofern dies irgendwie möglich ist.

Da du dich nach dem Abschied von der Idee des Anderskönnens von der »Last der Schuld« befreit hast, musst du nicht nach Sündenböcken suchen, die diese Last für dich übernehmen könnten. Ohnehin wirst du nicht dazu neigen, die Welt in »die Guten« und »die Bösen« zu unterteilen, da du erkannt hast, wie sehr das moralische Lagerdenken den *Blick auf die Realität verzerrt.*

Anders als eifrige Moralistinnen und Moralisten (etwa die amerikanischen Todesstrafen-Befürworter) wirst du danach streben, zu *vergeben*, statt zu *vergelten.* Denn *Vergeltungsdrang* beruht nicht zuletzt auf *Geltungsdrang* – und den hast du weitgehend hinter dir gelassen. In diesem Zusammenhang wirst du auch entdecken, was sich wirklich hinter der so ehrbar erscheinenden Maske des Moralapostels verbirgt, nämlich *keine individuelle Stärke* (wie er selbst meint), sondern bloß ein *schwaches Ich*, das sich selbst und seine Bedeutung in der Welt maßlos überschätzt.

Wenn du die Einsteinsche Perspektive einnimmst, wird dies nicht nur deinen Geltungs- und Vergeltungsdrang abschwächen, es kann dir paradoxerweise gerade dadurch zu einem *starken Ich* verhelfen, dass du das *Konzept des starken Ichs überwindest.* Wie ist das möglich? Nun, indem dich die Einsteinsche Perspektive in einer Kunst schult, die zwar von traditionellen Moralvorstellungen überlagert ist, in der du aber erst dann zu wahrer Meisterschaft gelangen kannst, wenn du solche Vorstellungen hinter dir lässt, nämlich in der *Kunst der Vergebung.*

Wenn du dich vom Prinzip der alternativen Möglichkeiten (PAM) befreit hast, wird es dir sehr viel leichter fallen, *dir selbst zu vergeben*. Schließlich weißt du ja, dass du in keinem Moment deines Lebens besser *sein konntest*, als du unter den gegebenen Bedingungen *sein musstest*. Vielleicht *bereust* du die Fehler, die du in deiner Vergangenheit begangen hast, aber es besteht kein Grund dafür, dich deshalb *schuldig* zu fühlen. Denn *moralische Schuld* setzt *Anderskönnen* voraus. Was aber könntest du dir im moralischen Sinne vorwerfen, wenn du gar nicht die Möglichkeit hattest, dich anders zu verhalten, als du dich verhalten hast?

In diesem Zusammenhang ist es wichtig, *Reue*- und *Schuldgefühle* klar voneinander zu unterscheiden. Leider werden sie häufig miteinander verwechselt, da sie sich aus der gleichen Wurzel speisen: Du empfindest *Schuld* beziehungsweise *Reue*, wenn du feststellst, dass du dich falsch verhalten und dadurch irgendeinen Schaden ausgelöst hast. Der Unterschied besteht darin, dass beim Schuldgefühl noch etwas Entscheidendes hinzukommt, nämlich die *Illusion des Anderskönnens*.

Erst die *fehlerhafte Zuschreibung* der Ursachen des Fehlverhaltens auf den vermeintlichen »ursachenfreien Willen« löst die *moralische Verurteilung* aus. Du meinst, ein »fürchterlicher Mensch« zu sein, der anderen »aus freien Stücken« Schaden zugefügt hat, und übersiehst dabei fahrlässig, wie viele Faktoren dazu geführt haben, dass du zu der Person wurdest, die du warst oder bist.

Merkwürdigerweise führen solche Schuldgefühle in der Regel nicht dazu, dass sich das reale Verhalten der »Schuldigen« ändert. Menschen, die unter Schuldgefühlen leiden, kreisen meist so sehr um ihr »böses Selbst«, dass sie sich gar nicht mehr darauf konzentrieren können, was sie an ihrem Verhalten *ändern müssten*, damit es in Zukunft nicht wieder zu negativen Ereignissen kommt. Schuldgefühle führen daher häufig zu einer *Stabilisierung des Fehlverhaltens*, nicht zu seiner *Korrektur*. Ein typisches Beispiel für dieses zirkuläre Muster ist ein Alkoholiker, der sich wegen seines Schnapskonsums *schuldig* fühlt und gleich zur nächsten Flasche greift, um die peinigenden Schuldgefühle wieder loszuwerden.

Bei *Reuegefühlen* bleibt dir dies erspart. Du kannst etwas bereuen, auch wenn du ganz genau weißt, dass du dich in dem Moment deines Fehlverhaltens nicht anders hast verhalten können. Dadurch bleibt dein Kopf frei, um herauszufinden, was du tun könntest, um den *Schaden wieder zu beheben*. Du kannst zwar die *Vergangenheit* nicht ändern, aber du kannst dich selbst ändern und daran arbeiten, in *Zukunft* klüger, vernünftiger, achtsamer, liebevoller zu sein.

Reuegefühle sind wichtige Anstoßgeber für die persönliche Weiterentwicklung, Schuldgefühle hingegen stehen ihr im Weg, denn sie sind *Kriegserklärungen an dein eigenes Selbst.* Wir wissen aus der psychologischen Forschung, dass Schuldgefühle nicht nur an der Entstehung vieler psychischer Erkrankungen beteiligt sind, sondern auch unsere Kräfte hemmen, Lebenskrisen zu bewältigen. Der *Abschied von der Schuld* kann uns stärker und mutiger machen und uns die Möglichkeiten aufzeigen, die uns eigentlich offenstehen, die wir aber aus Angst und Scham übersehen. Dies erklärt auch das Motto, das ich diesem Buch vorangestellt habe: *Wenn du dich nicht mehr schuldig fühlst, der zu sein, der du bist, fällt es dir leichter, der zu werden, der du sein könntest.*

Wenn du dich persönlich weiterentwickeln willst, solltest du begreifen, wie sehr Schuldgefühle und Versagensängste deine Kräfte lähmen. Bist du in der Vergangenheit mit Dingen, die dir wichtig waren, gescheitert, empfindest du nun vielleicht eine so große Angst vor einer weiteren Blamage, dass du echte Wagnisse kaum mehr eingehen willst. Aus der Furcht heraus zu versagen, ziehst du es vor, vorschnell zu resignieren. Und vielleicht hältst du es sogar für ausgesprochen »erwachsen«, dein »inneres Kind« in Schach zu halten und keine Experimente mehr zu wagen. Doch in Wahrheit ist dies nur ein Zeichen dafür, dass du aufgegeben und dich damit abgefunden hast, ein Leben *unter* deinen Möglichkeiten zu führen.

Folgst du hingegen Einsteins Ratschlag, dich nicht mehr »gar zu ernst zu nehmen«, so mildert dies »in wohltuender Weise das leicht lähmend wirkende Verantwortungsgefühl« (Einstein). Dadurch wird sich eine »psychische Handbremse« in dir lösen und du wirst sehr viel angstfreier, unverzagter und vermutlich auch erfolgreicher agieren können. Denn: *Wenn du keine Angst mehr hast zu versagen, musst du dir vieles nicht mehr versagen!* Du kannst dich sehr viel mehr trauen, wirst offener sein für berechtigte Kritik, aber unabhängiger von der Meinung der Masse. Und möglicherweise wirst du mit der Zeit auch ein seltsames Phänomen in deinem Leben entdecken, das man vielleicht als »Einstein-Paradoxon« bezeichnen könnte: *Je weniger stolz du auf eigene Leistungen bist, desto eher wirst du Leistungen erbringen, auf die du stolz sein könntest – wenn du denn noch stolz sein könntest.*

Es ist wohl kein Zufall, dass keiner der Architekten des modernen Weltbildes an die Willensfreiheit geglaubt hat – weder Darwin noch Einstein, weder Marx noch Nietzsche, weder Freud noch Skinner. Vermutlich verschaffte ihnen erst der Abschied von der Illusion des freien Willens die *geistige Freiheit und Unabhängigkeit*, um die Denktabus ihrer Zeit zu durchbrechen und die traditionellen Weltbilder so fundamental infrage zu stellen.

So unterschiedlich diese Vordenker der Moderne auch waren, sie hatten eine große Gemeinsamkeit, nämlich dass sie sich weder von der *Meinung der Masse* noch von *persönlichen Fehlschlägen* verunsichern ließen. Wie Thomas Edison, der die Idee der Willensfreiheit ebenfalls bestritt,[4] hatten auch sie die Kraft, »es immer noch einmal zu versuchen« und dabei unablässig aus den eigenen Fehlern zu lernen. (Als Edison einmal gefragt wurde, ob ihn die unzähligen Fehlversuche bei der Konstruktion der Glühbirne nicht entmutigt hätten, antwortete er, das Gegenteil sei der Fall gewesen, da er durch jeden Fehlversuch neu hinzugelernt habe, wie es *nicht* funktioniert.)

Eine solche Zähigkeit und Lernfähigkeit verlangt, dass man die Sache in den Vordergrund rückt, nicht die persönliche Eitelkeit.[5] Fakt ist jedenfalls: Wenn du dich *subjektiv* zu wichtig nimmst, wird es dir schwerfallen, *objektiv* zu urteilen. Denn dies setzt voraus, dass du deine eigenen Überzeugungen nicht nur angstfrei vertreten kannst, sondern dich auch jederzeit von besseren Argumenten überzeugen lässt.

Der Abschied vom »stolzen Ich« stärkt also eine zentrale *wissenschaftliche Tugend*, nämlich die Fähigkeit, Aussagen nach ihrer *objektiven Qualität* zu bewerten – nicht danach, ob sie dir *persönlich* gefallen oder nicht. Ohne diese Fähigkeit wirst du kaum ein *realistisches Selbst- und Weltbild* entwickeln können, sondern dich von einer Illusion zur nächsten hangeln. Damit qualifizierst du dich sicherlich nicht gerade für eine *philosophische Lebensweise*, die eine gewisse »Liebe zur Weisheit« verlangt.[6] Aber die Erfahrung zeigt, dass dies deinem *gesellschaftlichen Erfolg* nicht unbedingt im Wege stehen muss. Wie wir am Beispiel Donald Trump sehen, kann man sogar mit einem völlig verqueren Selbst- und Weltbild zum »mächtigsten Mann der Welt« aufsteigen.

Mehr noch: Möglicherweise hat es Trump gerade *deshalb* ins Präsidentenamt geschafft, weil er unter einer besonders tückischen Wahrnehmungsverzerrung leidet, nämlich dem sogenannten *Dunning-Kruger-Effekt*. Dieser besagt, dass ein Mensch, der besonders *wenig Kompetenz besitzt*, in der Regel auch nicht die *Kompetenz besitzt*, zu erkennen, dass er *keine Kompetenz besitzt*, was dazu führt, dass er sich selbst für ungeheuer *kompetent* hält und bei entsprechender narzisstischer Energie auch andere von dieser Wahnidee überzeugen kann.

Allem Anschein nach leidet Donald Trump weder an *Schuld-* noch an *Reuegefühlen*. Er ist wohl schon allein deshalb nicht in der Lage, sich selbst zu vergeben, weil er gar nicht wüsste, was er sich *überhaupt vergeben müsste*, geht er doch davon aus, immer und überall *alles richtig zu machen*. Ebendaraus resultiert jedoch ein schwerwiegendes Problem: Da selbst einem so unerschütterlichen Narzissten wie Trump hin und wieder auffallen muss, dass nicht alles, was er unternimmt, von Erfolg gekrönt ist, kommt er nicht umhin, die *Wurzel des Übels bei anderen zu suchen*. Er ist förmlich gezwungen, den *Splitter im Auge der anderen* zu finden, da er unfähig ist, den *Balken vor dem eigenen Auge* zu erkennen.

Eine solche Haltung ist selbstredend gefährlich (vor allem beim »mächtigsten Mann der Welt«). Denn sie führt zu einer nachhaltigen Vergiftung des Verhältnisses zum Mitmenschen. Statt uns dazu zu motivieren, Konflikte zu entschärfen, treibt sie uns dazu an, sie erst richtig zur Eskalation zu bringen. Dies ist zweifellos ein weiterer guter Grund dafür, die Einsteinsche Sichtweise der Trumpschen Perspektive vorzuziehen. Denn sie lehrt uns, nicht bloß *uns selbst*, sondern auch *den anderen* zu vergeben. Diesem zweiten Aspekt der *Kunst der Vergebung* werden wir uns in der nächsten Lektion zuwenden.

Die Kunst der Vergebung (II)

Hinter dem moralischen Ruf nach *Gerechtigkeit* verbirgt sich oft eine gute Portion *Selbstgerechtigkeit*. Nur zu gerne unterstellen wir, dass *wir* uns in einer bestimmten Situation sehr viel angemessener und tugendhafter verhalten hätten als *andere* – wobei wir komplett unterschlagen, dass *wir* unter den Voraussetzungen der *anderen* gar nicht zu den Personen geworden wären, die wir heute sind, sondern vielmehr exakt jene Eigenschaften entwickelt hätten, über die wir uns nun so sehr empören.

Wenn wir gegenüber einem Mitmenschen einen moralischen Vorwurf erheben, setzen wir intuitiv das Prinzip der alternativen Möglichkeiten (PAM) voraus, gehen also davon aus, dass die betreffende Person sich anders hätte verhalten können, als sie sich verhalten hat. Nehmen wir hingegen Einsteins Perspektive ein, so bricht dieser Schuldvorwurf in sich zusammen. Denn wie könnten wir es jemandem moralisch vorwerfen, dass er genau das tut, was er unter den gegebenen Bedingungen nun einmal tun muss?

Albert Einstein betrachtete die Einsicht in die ursächliche Bedingtheit unseres Denkens und Handelns, wie wir gesehen haben, als eine »unerschöpfliche Quelle der Toleranz«, die ihm »beim Anblick und beim Erleiden der Härten meines Lebens immer ein Trost gewesen« ist. Aber *warum* sah er dies so? Wo liegt die Verbindung? Was hat das *eine* (nämlich die Einsicht in die ursächliche Bedingtheit des menschlichen Handelns) mit dem *anderen* (dem Trost in schwierigen Lebenslagen) zu tun?

Warum sollte es für dich in irgendeiner Weise *tröstlich* sein, wenn du erkennst, dass jemand, der dich physisch oder psychisch verletzt hat, gar nicht die Möglichkeit besaß, diese Verletzung zu unterlassen? Bleibt eine Verletzung denn nicht auch dann noch eine Verletzung, wenn sie zwangsläufig geschehen ist? Und bleibt ein Verbrechen nicht auch dann noch ein Verbrechen, wenn der Täter gar nicht die Chance hatte, das Verbrechen nicht zu begehen?

Selbstverständlich! Verletzung bleibt Verletzung und Verbrechen bleibt Verbrechen. Wenn du die Ursachen einer Tat begreifst, mindert das nicht den Schaden, den du erlitten hast. Aber: Es verhindert sehr wohl, dass dein Leid *zusätzlich noch verstärkt*

wird. Denn wir empfinden *jede Schandtat als noch
sehr viel schändlicher,* wenn wir unterstellen, dass sie
»aus freien Stücken« erfolgt ist, das heißt wenn wir
sie dem vermeintlich »ursachenfreien Willen« eines
Täters zuschreiben – statt einem komplexen Wechselspiel von Milliarden und Abermilliarden Wirkfakto-
ren, die zu dieser Tat geführt haben.

Der Grund dafür ist, dass wir *natürliche Übel,*
welche wir auf das *universale Kausalgefüge der Natur*
zurückführen, emotional anders verarbeiten, als sogenannte *moralische Übel,* die wir dem vermeintlich
(ursachen-)freien Willen eines Täters zuschreiben
und somit ebendiesem Kausalgefüge entreißen. Zwar
können natürliche Übel (etwa Erdbeben, Vulkanausbrüche oder bakterielle Infektionen) ebenso
schreckliches Leid hervorrufen wie moralische Übel
(etwa Terrorismus oder Mord), aber sie lösen in uns
keine zusätzliche moralische Verletzung, keine Ver-
bitterung, keine Rachsucht aus.

Wohl niemand käme auf den Gedanken, auf ein
Erdbeben *böse* zu sein, selbst wenn es uns vielleicht
das Wertvollste in unserem Leben genommen hat,
aber die meisten von uns sind hochgradig *empört*
über einen Dieb, der bloß eine halb leere Brieftasche
gestohlen hat. Warum wir auf natürliche und moralische Übel so unterschiedlich reagieren, liegt auf der
Hand: Weil wir das Prinzip der alternativen Mög-

lichkeiten automatisch auf Diebe anwenden, nicht aber auf Erdbeben, Vulkanausbrüche oder Infektionen.

Dies erklärt auch, warum sich unsere moralische Empörung spürbar legt, wenn wir im Nachhinein erfahren, dass der Dieb, der uns die halb leere Brieftasche gestohlen hat, nur ein armer, alter Mann war, der aufgrund einer Demenz seit Jahren unter Kleptomanie leidet. Zwar ist der Verlust der Geldbörse unter dieser Voraussetzung *objektiv* nicht weniger ärgerlich, *subjektiv* aber werden wir uns nicht mehr als Opfer eines *moralischen Übels* empfinden, sondern unseren Verlust auf ein leichter erträgliches *natürliches Übel*, nämlich die Krankheit eines alten Mannes, zurückführen.

Dass Einstein die Einsicht in die ursächliche Bedingtheit menschlichen Handelns als tröstlich erlebte, hängt also damit zusammen, dass er mit ihrer Hilfe die sogenannten moralischen Übel als natürliche Übel betrachten konnte. Wie stark Einstein moralische Phänomene in natürliche Phänomene umdeutete, zeigt ein Zitat aus dem Jahr 1932: »Unser Handeln«, so meinte er, »sei getragen von dem stets lebendigen Bewusstsein, dass die Menschen in ihrem Denken, Fühlen und Tun nicht frei sind, sondern ebenso kausal gebunden wie die Gestirne in ihren Bewegungen.«[1]

Unterschlug Einstein damit, dass Menschen im Unterschied zu den Gestirnen, im Unterschied auch zu Erdbeben, Vulkanausbrüchen oder Infektionen, in der Lage sind, die Folgen ihres Handelns zu überdenken? Keineswegs, aber ihm war klar, dass Menschen nicht *frei von Ursachen* über die Folgen ihres Handelns reflektieren können, sondern dass hierfür *natürliche Vorgänge im Gehirn* verantwortlich sind. Dabei war ihm selbstverständlich auch bewusst, dass kein Kopf alleine denkt. Einstein wusste: So wie sein eigener Denkapparat von den Überlegungen anderer geprägt worden war, so konnten seine eigenen Äußerungen zur *Ursache für veränderte Vorgänge in fremden Gehirnen* werden. Andernfalls hätte er sich seine Aufrufe zu einer rationaleren, menschenfreundlicheren Politik auch komplett sparen können.

Die Argumente eines anderen wirken gewissermaßen wie *Gravitationskräfte* auf uns. Wird man von ihnen erfasst, so gerät man *gedanklich in eine andere Umlaufbahn*. Einstein hoffte inständig, dass seine eigenen Argumente größere Schwerkraft entfalten würden als die Verlautbarungen der Despoten seiner Zeit. Wie wir wissen, hat sich diese Hoffnung größtenteils nicht erfüllt. Doch das bedeutet nicht, dass Einsteins Überlegungen zu einem rationalen Konzept der Vergebung vergeblich waren. Denn die

Schwerkraft seiner Argumente kann uns auch heute noch anziehen und unser Denken in andere Umlaufbahnen lenken, wie das vorliegende Buch zeigt.

Halten wir fest: Es kann tröstlich sein, Einsteins Perspektive anzunehmen, weil sie uns dazu verhilft, moralische Übel als natürliche Übel zu begreifen, die wir emotional anders verarbeiten können. Aber ist das schon der ganze Trick? Nein, denn es fehlt noch ein weiteres, wesentliches Puzzleteil: Wenn wir nämlich das Verhalten eines anderen als *ursächlich bedingt begreifen*, so führt dies dazu, dass wir uns mit den *Ursachen beschäftigen*, die ihn zu seinem Verhalten gebracht haben. Wir versetzen uns somit emotional in ihn hinein und versuchen zu begreifen, warum er zu dem wurde, der er ist.

Diese Perspektivenübernahme kann unsere Sichtweise gravierend verändern. Aus diesem Grund empfiehlt eine bekannte Redensart der nordamerikanischen Ureinwohner: *Urteile niemals über einen anderen, bevor du nicht einen Mond lang in seinen Mokassins gelaufen bist!* Wenn wir die Welt mit den Augen des anderen sehen, begreifen wir seine Motive, verstehen die Gründe und Abgründe seiner Existenz. Je tiefer unser Verständnis dabei geht, je eher wir uns *in dem anderen wiedererkennen*, desto schwerer wird es uns fallen, ihn zu *dämonisieren*, und desto eher werden wir auch in der Lage sein, ihm zu *vergeben* –

selbst wenn er uns vielleicht das Allerschlimmste angetan hat, das überhaupt denkbar ist.

Wie weit diese *Kunst der Vergebung* gehen kann, zeigt das Beispiel des amerikanischen Ehepaars Linda und Peter Biehl, deren Tochter Amy Anfang der 1990er-Jahre als Anti-Apartheidsaktivistin nach Südafrika gereist war, dort in einen Volksaufstand geriet und als vermeintliche »Repräsentantin der weißen Unterdrückerschicht« von vier jungen Männern gelyncht wurde.[2] Als Nelson Mandela 1996 die *Wahrheits- und Versöhnungskommission* einrichtete, um das tief gespaltene, von rassistischem Hass geplagte Land zu einen, wurde auch der Mordfall Amy Biehl vor dem »Komitee für die Gewährung der Amnestie« verhandelt.

Amys Eltern Linda und Peter Biehl reisten nach Südafrika, beschäftigten sich mit dem Leben der Mörder ihrer Tochter (wanderten also gewissermaßen in deren Mokassins) und unterstützten schließlich deren Entlassung aus der Haft. Mehr noch: Die Biehls gründeten in Kapstadt die *Amy Biehl Foundation*, die Jugendlichen zu einem besseren, gewaltfreieren Start ins Leben verhelfen sollte. Zwei der jungen Männer, die Amy getötet hatten, entwickelten sich bald zu den führenden Aktivisten dieser Stiftung. Der Aussöhnungsprozess der Biehls mit den Mördern ihrer Tochter ging sogar so weit, dass sie ihnen nicht bloß vergaben, sondern sich letztlich so intensiv mit ihnen anfreundeten, dass die ehemaligen Mörder Ntobeko Peni und Easy Nofemela Linda Biehl heute mit »Mom« (!) anreden.

Wer selbst Kinder hat, weiß, dass es keine schrecklichere Vorstellung gibt als die, die eigenen Töchter oder Söhne zu verlieren – zumal wenn es auf solch grausame Weise geschieht, wie dies bei Amy Biehl der Fall war, die auf offener Straße gesteinigt und erstochen wurde. Die außergewöhnliche Vergebungsleistung der Biehls führte dazu, dass sie zu wahren Hassobjekten der amerikanischen Todesstrafen-Befürworter wurden, die die Aussöhnung mit den Mördern als *moralischen Verrat* an der eigenen Tochter werteten. Wer sich von solchen Moralvorstellungen löst, wird aber erkennen, dass es den Biehls in geradezu mustergültiger Weise gelungen ist, nicht nur das Gedenken an ihre Tochter zu bewahren, sondern auch das Beste aus einer eigentlich unerträglichen Situation zu machen.

Linda und Peter Biehl profitierten dabei von einer Weisheit, die bislang leider nur zu wenigen durchgedrungen ist, nämlich dass der Akt der *Vergebung* keineswegs *vergeblich* ist. Tatsächlich hilft die Kunst der Vergebung nicht nur denjenigen, denen *vergeben wird*, sondern auch denjenigen, *die vergeben*. Die empirischen Forschungsergebnisse auf diesem Gebiet sind eindeutig: Wer vergeben kann, der empfindet im Durchschnitt weniger negativen Stress, hat ein besseres Immunsystem, kann traumatische Ereignisse produktiver verarbeiten, leidet seltener unter Herz-Kreislauferkrankungen, lebt länger und fühlt sich insgesamt wohler in seiner Haut als derjenige, der sich partout nicht dazu herablassen kann, anderen zu verzeihen.[3]

Du siehst: Wenn du dich dazu überwinden kannst, anderen zu vergeben, so *tust du dir selbst damit den allergrößten Gefallen!* Denn die Kunst der Vergebung hat eine enorm befreiende Wirkung auf den, der vergibt. Warum? Weil sie die Fesseln löst, die dich dazu zwingen, in der Vergangenheit zu leben und mit dem dort erlittenen Unrecht zu hadern. Nur wenn du aufrichtig vergeben kannst (es reicht nicht aus, Vergebung bloß zu heucheln!), wirst du bereit sein, einen emotionalen Schlussstrich unter die Vergangenheit zu ziehen und dich mit voller Kraft der Gegenwart und Zukunft zuzuwenden.

Diese Erfahrung machte auch Eva Mozes Kor, die mit ihrer besonderen Vergebungsleistung noch mehr moralischen Hass auf sich zog als Linda und Peter Biehl. Denn Eva Kor vergab niemand anderem als dem berüchtigten NS-Arzt Josef Mengele, der sie und ihre Schwester Miriam im Rahmen seiner grausamen Zwillingsexperimente im KZ Auschwitz gequält hatte.

Als Eva Kor 1995 zum fünfzigsten Jahrestag der Befreiung des Konzentrationslagers vor Ort an der Seite des ehemaligen KZ-Arztes Hans Münch eine Rede hielt, in der sie Münch, Mengele und Hitler wie auch allen anderen Nationalsozialisten öffentlich vergab, bemerkte sie eine eigentümliche Veränderung in ihrem Inneren: »Ich spürte sofort, dass eine Schmerzenslast von meinen Schultern genommen war, Schmerzen, mit denen ich fünfzig Jahre gelebt hatte. Ich war nicht länger Auschwitz-Opfer, nicht länger Opfer meiner tragischen Vergangenheit. Ich war frei.«[4]

Rein *physisch*, so sagte sie später, sei sie 1945 von der russischen Armee aus dem Konzentrationslager befreit worden, *emotional* aber sei ihr die Befreiung aus Auschwitz erst in *diesem* Moment, fünfzig Jahre später, gelungen. Und Eva Kor nutzte diese neu erworbene Freiheit, indem sie ihr politisches Engagement verstärkte. Noch im gleichen Jahr gründete sie das *CANDLES Holocaust Museum* und begann, unermüdlich um die Welt zu reisen, um die Erinnerung an den Holocaust wachzuhalten und zugleich die »Macht des Vergebens« zu demonstrieren. Seit Jahrzehnten ist sie eine der politisch aktivsten Holocaust-Überlebenden weltweit – und dies nicht *obwohl*, sondern gerade *weil* sie in der Lage war, den Nazis zu vergeben.[5]

Vielleicht spürst du bei dem Gedanken, Massenmördern wie Mengele oder Hitler zu vergeben, eine moralische Wut in dir aufkommen. Diese Reaktion ist nicht ungewöhnlich – sie hat das Wirken von Eva Kor seit 1995 begleitet. Noch 2015 löste sie im Alter von über achtzig Jahren weltweite Empörung aus, als sie als Nebenklägerin in dem Verfahren gegen den als »Buchhalter von Auschwitz« bekannt gewordenen Oskar Gröning gegen den Angeklagten aussagte, ihn aber zugleich als Geste der Vergebung im Gerichtssaal umarmte.

Dafür wurde Kor von anderen Naziopfern und deren Nachkommen als »Verräterin« beschimpft, doch sie verteidigte sich eindrucksvoll, indem sie feststellte, dass sie den Nazis nicht verziehen habe, »weil *sie* es verdienen, sondern weil *ich* es verdiene«: »Ein Opfer hat das Recht frei zu sein – und man kann nicht frei sein von dem, was einem angetan wurde, wenn man diese tägliche Last aus Schmerz und Wut nicht abschüttelt.«[6]

Im gleichen Zusammenhang wies Eva Kor auf einen entscheidenden Punkt hin, der fatalerweise häufig übersehen wird: Die Tatsache nämlich, dass man einem Menschen *vergibt*, bedeutet keineswegs, dass dieser nicht die *Verantwortung* für seine Taten übernehmen muss. Man kann sehr wohl einen Täter zur *Rechenschaft* ziehen, auch wenn man ihm gegenüber keine *moralischen Vorwürfe* mehr erhebt, da man weiß, dass er sich in einer gegebenen Situation nur so verhalten *konnte*, wie er sich verhalten *musste*.

Diese Position hat in Deutschland wohl niemand so konsequent vertreten wie der hessische Generalstaatsanwalt Fritz Bauer. 1936 vor den Nazis geflohen, sorgte Bauer nach seiner Rückkehr nach Deutschland 1949 fast im Alleingang und gegen erbitterten Widerstand in Gesellschaft und Justiz dafür, dass die Naziverbrechen juristisch aufgearbeitet wurden. Fritz Bauer ist es zu verdanken, dass der NS-Staat offiziell als »Unrechtsstaat« anerkannt wurde, dass die Attentäter um Stauffenberg rehabilitiert wurden, dass Adolf Eichmann in Südamerika gefasst wurde und dass der in den 1960er-Jahren noch weithin unbekannte Begriff »Auschwitz« sich (durch die von Bauer initiierten *Auschwitz-Prozesse*) als Synonym für den Holocaust ins kollektive Gedächtnis einbrannte.[7]

Kein anderer deutscher Jurist hat so viele Naziverbrecher zur Rechenschaft gezogen wie Fritz Bauer – und dennoch (oder besser: *gerade deshalb!*) lehnte Bauer das traditionelle *Schuld-und-Sühne-Strafrecht* in aller Schärfe ab. Denn er war überzeugt, dass ein rationaler Gesetzgeber von den Menschen nichts verlangen dürfe, was empirisch gar nicht zu erfüllen sei, nämlich dass sie sich in *ein und demselben Moment* entweder *für* oder *gegen* eine Straftat entscheiden könnten (PAM). Zwar bestritt der Generalstaatsanwalt keineswegs, dass der Staat die Aufgabe habe, seine Rechtsordnung durch juristische Sanktionen (etwa durch die Verhängung von Haftstrafen) zu schützen, jedoch dürfe er sich keineswegs an den Menschen dafür *rächen*, dass sie sich genau so verhalten haben, wie sie sich unter Geltung der Naturgesetze notwendigerweise verhalten mussten.[8]

Dass die deutschen Strafrechtslehrer nach dem Krieg mehrheitlich der widersinnigen Maxime »Du kannst, denn du sollst!« folgten, betrachtete Bauer als Wiederkehr jener irrationalen, inhumanen Vergeltungslogik, die Roland Freisler, der gnadenlose Präsident des NS-Volksgerichtshofs, seinem Entwurf zum nazistischen Strafrecht zugrunde gelegt hatte: »Für eine heroische Stellungnahme zum Leben, wie sie dem Nationalsozialismus eigen ist«, hatte Freisler verkündet, »gibt es eine Frage der Willensfreiheit nicht. Er hört nicht den, der da sagt: Ich kann nicht anders. Er ruft in jeder Lage des Lebens: Ich soll, ich will, ich kann! Schuld heischt Sühne! Der Ruf nach Sühne ist für uns Deutsche so alt wie unser Volk alt ist.«[9]

Fritz Bauer hatte (leider vergeblich) gehofft, dass es mit dem demokratischen Neuanfang in Deutschland möglich werde, die archaische Vergeltungslogik des Schuld-und-Sühne-Prinzips aufzuheben.[10] In zahlreichen Vorträgen und Aufsätzen plädierte er für eine »Humanisierung der Rechtsordnung«, für eine neue Form der Rechtsprechung, die von wissenschaftlichen Erkenntnissen ausgeht, nämlich der Einsicht in die ursächliche Bedingtheit des menschlichen Verhaltens, statt von metaphysischen Spekulationen, sprich: dem moralischen Schuldprinzip auf der Basis von PAM. Sein Ziel war ein Rechtsstaat, der den Instinkt der Rache überwindet und bürgerliche Freiheiten schützt, ohne die Menschenwürde der Täter zu verletzen.[11]

Worin unterscheidet sich nun dieses Bauersche (wir könnten auch sagen: Einsteinsche) Rechtsverständnis *in der Praxis* von Rechtsauffassungen Freislerscher oder Trumpscher Art, die bei allen Unterschieden (Trump ist zwar kein lupenreiner Demokrat, aber sicherlich kein Nationalsozialist!) notwendigerweise vom Prinzip der alternativen Möglichkeiten ausgehen müssen, um das Konzept von Schuld und Sühne aufrechtzuerhalten? Hier sind vor allem drei Aspekte zu berücksichtigen, nämlich erstens die *Funktion der Strafe*, zweitens der *Umgang mit den Tätern* sowie drittens die Bedeutung der *Verbrechensprävention*.

In einem Bauerschen/Einsteinschen Rechtssystem haben juristische Sanktionen eine rein *technische Funktion*. Sie sind Instrumente zum Schutze der Gesellschaft und ihrer Rechtsnormen. Das Erheben von Kosten (etwa das Verhängen von Haftstrafen) für regelwidriges Verhalten soll diese Regelbrüche unattraktiver machen und ihre Auftrittswahrscheinlichkeit reduzieren. Im Idealfall soll dabei (etwa im Rahmen eines *Täter-Opfer-Ausgleichs*) eine Wiedergutmachung des verursachten Schadens erfolgen.

In einem Freislerschen oder Trumpschen Rechtssystem hingegen, das von der Idee der Willensfreiheit und der moralischen Schuldfähigkeit geprägt ist, hat die Strafe neben dieser technischen zusätzlich noch eine *moralische Funktion*, nämlich die Aufgabe, *Rache- und Sühnebedürfnisse* zu befriedigen. Dabei gilt: Je stärker die Willensfreiheitsunterstellung ist (ein typisches Beispiel dafür sind amerikanische Todesstrafen-Befürworter), desto intensiver ist die moralische Empörung über den Regelverletzer und desto stärker ist der Wunsch nach Vergeltung. Umgekehrt gilt: Je stärker die Einsicht in die ursächliche Bedingtheit des menschlichen Verhaltens ist, desto geringer fällt die moralische Empörung aus und desto geringer ist der Wunsch, es dem Täter »mal so richtig heimzuzahlen«.

Dies hat natürlich Auswirkungen auf den *Umgang mit den Tätern*: Ein Richter, der weiß, dass er unter etwas anderen Ausgangsbedingungen nicht auf dem Richterstuhl, sondern auf der Anklagebank Platz genommen hätte, wird sich empathischer gegenüber den Tätern verhalten. Das Gleiche trifft auch auf Vollzugsbeamte, Bewährungshelfer, Psychologen, Medienvertreter, ja letztlich auf die gesamte Gesellschaft zu. Unter dieser Voraussetzung fällt es sehr viel leichter, mit den Tätern die Gründe dafür herauszuarbeiten, weshalb sie sich zum Tatzeitpunkt so und nicht anders verhalten haben – was letztlich auch bessere Bedingungen dafür schafft, dass sie sich künftig anders verhalten können.

Ohnehin kommt der *Verbrechensprävention* in einem Bauerschen Rechtssystem sehr viel größere Bedeutung zu: Wer nämlich kriminelles Handeln als *ursächlich bedingt* begreift, wird sich darauf konzentrieren, die Faktoren zu beseitigen, die kriminelle Handlungen entstehen lassen. Schließlich ist Kriminalität nicht zuletzt auch eine Reaktion auf soziale Ungerechtigkeit, auf ungeschützte, rechtsfreie Räume und auf die unzulängliche Vermittlung der für das Zusammenleben notwendigen Werte in unseren Medien und Bildungsinstitutionen. Auf all diese Punkte hat Fritz Bauer bereits vor mehr als fünfzig Jahren hingewiesen und dabei klargemacht, dass wir das grundlegende Problem nicht mehr vorrangig in den *Tätern* sehen sollten, sondern in den *Ursachenfaktoren*, die sie zu Tätern werden ließen.

Es steht, wie ich meine, außer Frage, dass eine

Gesellschaft, die auf den Fundamenten der Bauer-schen/Einsteinschen Sichtweise gründet, sehr viel gerechter, gewaltfreier, friedfertiger wäre als jene, in der wir heute leben. In einer solchen Gesellschaft würden wir von Kindesbeinen an trainieren, nicht nur uns selbst, sondern auch anderen zu vergeben, und könnten gemeinsam von den Freiheiten profi-tieren, die daraus entstehen. Tragischerweise aber wurden unsere Gehirne über Jahrhunderte hinweg so sehr auf die gegenteilige Vorstellung von Schuld und Sühne geprägt, dass es derzeit nur wenigen Aus-nahmefiguren wie Linda Biehl oder Eva Mozes Kor gelingen kann, es in der *Kunst der Vergebung* zu wah-rer Meisterschaft zu bringen.

Je stärker du dich vom Prinzip der alternativen Möglichkeiten befreien kannst, desto leichter wird es dir fallen, in dieser Kunst voranzukommen. Dabei gilt es allerdings, einen weiteren Punkt zu berück-sichtigen, den wir uns in der nächsten Lektion etwas genauer anschauen müssen. Denn die Einsteinsche Sichtweise hat sehr weitreichende Folgen, wenn man sie zu Ende denkt: Letztlich verlangt sie nicht weni-ger als einen Abschied von unseren *Moralvorstellun-gen*, ja, mehr noch: einen Abschied vom *moralischen Denken überhaupt.*

Ein unmoralisches Angebot

Ob in der Politik, im Kino oder im Gottesdienst: Die Welt wird uns vorgeführt als ein Ort, an dem ein unaufhörlicher Kampf zwischen »Gut« und »Böse« vorherrscht. Doch diese moralische Perspektive verstellt den Blick auf die Realität. Je genauer wir hinschauen, desto klarer erkennen wir, dass es *gute und böse Menschen* ebenso wenig gibt wie gute und böse Katzen, Elefanten, Regenwürmer oder Delfine.

Einer weitverbreiteten Fehlannahme zufolge kam »das Böse« mit der Menschwerdung in die Welt. Doch selbst in *dieser* Hinsicht überschätzen wir uns gewaltig. Denn in der Natur geht es keineswegs so »ritterlich« zu, wie frühere Biologen geglaubt haben.[1] Verhaltensweisen, die wir beim Menschen als Betrug, Raub, Versklavung, Vergewaltigung oder Mord klassifizieren würden, sind in der nicht menschlichen Natur weitverbreitet.[2] Unsere nächsten Verwandten, die Schimpansen, führen sogar regelrechte *Vernich-*

tungskriege, die erst enden, wenn alle männlichen Mitglieder der »Feindesgruppe« ausgerottet wurden.[3]

Hätten Schimpansen einen Begriff »des Bösen«, so würden sie ihn zweifellos auf die Mitglieder der verfeindeten Nachbargruppe anwenden. Denn dies ist seit jeher die Funktion dieser moralischen Kategorie: *Böse sind stets »die anderen«*. Wir projizieren die Kategorie »des Bösen« auf andere, um mit »guten Gründen« auf sie *böse sein zu können*. Die Belegung »des Fremden«, »des Abweichlers«, »des Gegners« mit dem »Signum des Bösen« erlaubte erst jene Eskalation von Gewalt, die sich wie ein blutroter Faden durch die Geschichte der Menschheit zieht.

Ist der Gut-versus-Böse-Komplex erst einmal erfolgreich in das Denksystem integriert, so ist keine Gewalttat grausam genug, als dass sie nicht doch im Dienste einer vermeintlich »großen, gerechten Sache« verübt werden könnte. Man könnte sagen: Die *Erfindung »des Bösen«* war für die *Entwicklung der »Kriegskunst«* ebenso bedeutsam wie die Erfindung der Steinschleuder, des Schießpulvers oder der Mittelstreckenrakete.

Der sozialpsychologische Mechanismus, der uns dazu treibt, in den anderen »Agenten finsterer Mächte« zu sehen, spiegelt sich auch in dem *mora-*

lischen Dualismus wider, den Anthropologen in nahezu jeder menschlichen Kultur festgestellt haben.[4] Was ist damit gemeint? Nun, wir Menschen verfügen in der Regel nicht über *ein* Moralsystem, sondern über *zwei* grundverschiedene Moralsysteme – nämlich eine *Binnenmoral* für die Mitglieder der eigenen Gruppe (die Insider) und eine *Außenmoral* für die Mitglieder fremder Gruppen (die Outsider). Gegenüber den treuen Repräsentanten der eigenen Gruppe verhalten wir uns in der Regel fair, freundlich und hilfsbereit, gegenüber »Abweichlern« oder den Mitgliedern anderer Gruppen legen wir jedoch ganz andere Verhaltensweisen an den Tag.

Den »Fremden«, »Feinden«, »Ungläubigen« treten wir oft unfair, unfreundlich, erbarmungslos gegenüber, denn so steht es auch in den »heiligen Schriften« geschrieben, auf die sich viele von uns noch immer berufen. So heißt es im *Alten Testament* zwar »Du sollst nicht morden!«[5], gleichzeitig aber wird uns aufgetragen, dass wir »Feinde« keineswegs verschonen dürfen. Im Gegenteil: »Du wirst alle Völker verzehren, die der Herr, dein Gott, für dich bestimmt. Du sollst in dir kein Mitleid mit ihnen aufsteigen lassen ... Du wirst ihren Namen unter dem Himmel austilgen. Keiner wird deinem Angriff standhalten können, bis du sie schließlich vernichtet hast.«[6]

Im *Neuen Testament* findet sich zwar das bemerkenswerte Gebot der »Feindesliebe«[7], dies hindert »den Erlöser« jedoch nicht daran, die ewige Höllenfolter, welche »die Bösen« im »Jenseits« erwartet, in schillerndsten Farben auszumalen: »Der Menschensohn wird seine Engel aussenden, und sie werden aus seinem Reich alle zusammenholen, die andere verführt und Gottes Gesetz übertreten haben, und werden sie in den Ofen werfen, in dem das Feuer brennt. Dort werden sie heulen und mit den Zähnen knirschen.«[8]

Auch der *Koran* ist von diesem moralischen Dualismus geprägt. Barmherzig, gütig und milde zeigt sich Allah nur jenen gegenüber, die sich seinen Geboten unterwerfen. Alle anderen erwartet am »Jüngsten Tag« nicht nur das »ewige Feuer«, sie werden in der Hölle mit »Eiterfluss« und »Jauche« getränkt, erhalten einen »Trunk aus siedendem Wasser«, der ihnen die »Eingeweide zerreißt«, werden mit »eisernen Keulen« geschlagen, müssen Kleidungsstücke aus flüssigem Kupfer und Teer tragen und vieles andere mehr.[9]

Wir sehen hier den Grund dafür, warum *Nächstenliebe* und *Fernstenhass* so oft Hand in Hand gehen – getreu der Devise: »Und willst du nicht mein Bruder sein, so schlag ich dir den Schädel ein!« Welche Folgen dies haben kann, zeigt das Leben des

Osama bin Laden, des ehemaligen Anführers der Terrorgruppe *al-Qaida*, der bereits während seines Studiums eine erste Wohlfahrtsorganisation gründete und ein wahres Vermögen an Witwen und Waisen spendete. Für Osama bin Laden bestand überhaupt kein Widerspruch darin, sich einerseits als sanftmütigen Philanthropen und Vorreiter einer »Religion der Nächstenliebe, der Gerechtigkeit zwischen den Menschen« zu verstehen,[10] andererseits aber den kaltblütigen Mord an Tausenden von Menschen zu befehlen, um möglichst großen Schrecken unter »den Ungläubigen« zu verbreiten.

Das Wahnhafte an solchen Selbst- und Fremdstilisierungen zeigt sich nicht zuletzt in ihrer Austauschbarkeit. *Denn es gibt kaum etwas Relativeres als absolute Moralvorstellungen.* Ob islamistische Extremisten oder christliche Kreuzzügler, ob ultraorthodoxe jüdische Siedler oder radikale Hindus: Sie alle sehen sich als heldenhafte Kämpfer für *das Gute* in einer Entscheidungsschlacht gegen *das universelle Böse.* Der Unterschied zwischen ihnen besteht allein darin, wo sie jeweils die »Mächte der Finsternis« verorten. Was dem einen als *Inbegriff des Bösen* schlechthin gilt, erscheint dem anderen als *Ausdruck reinster Tugend.* Man könnte dies auch als eine *kulturübergreifende Borderlinestörung* beschreiben.

Die Neigung zum moralischen Dualismus ist tief

in uns verankert, da wir allesamt von Vorfahren abstammen, die sich dank diesem Dualismus gnadenlos gegen andere durchsetzen konnten. Aber das heißt keineswegs, dass wir unfähig wären, den moralischen Dualismus zu überwinden. Dabei kann uns paradoxerweise ausgerechnet jene Eigenschaft zu Hilfe kommen, die den Dualismus in der Vergangenheit zusätzlich noch verstärkt hat, nämlich unsere besondere Befähigung zu Mitgefühl, zu Mitleid und Mitfreude.

Nach allem, was wir wissen, ist der Mensch das *empathischste Lebewesen auf diesem Planeten.*[11] Offenkundig hat es in der Entwicklung zum modernen Menschen starke Selektionsvorteile für empathisches Verhalten gegeben, sodass die Gattung Mensch im Laufe der Zeit von der Evolution ebenso entschieden in Richtung Mitgefühl getrimmt wurde wie die Gattung der Großkatzen in Richtung Kraft und Geschwindigkeit. Der evolutionäre Selektionsdruck hat uns Menschen sozusagen zu *geborenen Teamplayern* gemacht – eine Eigenschaft, der wir unsere dominante Stellung in der Natur verdanken, die aber tragischer Weise den Nebeneffekt hatte, dass der Hass auf diejenigen, die nicht zu unserem »Team« gehören, immer wieder befeuert wurde.

Gerade das Mitgefühl gegenüber den Mitgliedern der *eigenen Gruppe* wirkte in der Menschheitsgeschichte als schier unerschöpfliche Quelle des Hasses gegenüber den Mitgliedern *anderer Gruppen*. So reichte mitunter die (empathisch geteilte) Beleidigung eines einzelnen Gruppenmitglieds aus, um kollektive Blutfehden in Gang zu setzen, die über Jahrzehnte hinweg unzählige Opfer forderten.[12] Wir sehen: Nächstenliebe und Fernstenhass gehen nicht bloß Hand in Hand, *eine besonders stark ausgeprägte Nächstenliebe* kann sogar zu einer *Intensivierung des Fernstenhasses* führen, wenn »der Fremde« als Bedrohung für die eigene Gruppe empfunden wird.[13]

Allerdings ist unser Empathievermögen nicht notwendigerweise auf die Mitglieder unserer eigenen Gruppe begrenzt. Wir können mit »den anderen« sehr wohl auch dann noch mitfühlen, wenn wir mit erheblichem Aufwand darauf trainiert wurden, in ihnen bloß »den Feind« zu sehen. Eine solche empathische Horizonterweiterung ist selbst unter widrigsten Bedingungen möglich, wie die Geschichte vom sogenannten »Weihnachtsfrieden 1914« zeigt:

Damals, mitten in einer der schlimmsten Schlachten des Ersten Weltkrieges, verließen deutsche und britische Soldaten, angerührt von den Weihnachtsliedern der jeweils anderen Seite, ihre Schützengräben. Sie übergaben sich Geschenke, tauschten Fotos ihrer Liebsten aus, lachten gemeinsam über anzügliche Witze, halfen sich beim Begraben der Toten, spielten miteinander Fußball. Wäre es nach ihnen, den Soldaten, gegangen, erklärte später der schottische Weltkriegsveteran Murdoch McKenzie Wood, hätte nach diesen Szenen der Verbrüderung niemand mehr zu den Waffen gegriffen.[14]

Die wundersamen Ereignisse, die 1914 in der Umgebung von Ypern (Belgien) stattfanden, verraten ebenso viel über das Wesen des Menschen wie der kurze Zeit später (in der gleichen Gegend!) erfolgte, erstmalige Einsatz von Senfgas (das deshalb auch als »Yperit« bezeichnet wird): Wir können mit allergrößter Rücksichtslosigkeit vorgehen, wenn wir in unserem Gegenüber bloß den »bösen Feind« sehen oder gar den »Teufel in Menschengestalt« (so die Naziterminologie für »die Juden«, mit der jede Empathie für die Opfer des Holocausts ausgeschaltet werden sollte). Sobald wir uns *in ihnen jedoch als Menschen* mit menschlich-allzu-menschlichen Träumen, Hoffnungen und Ängsten *wiedererkennen*, schaltet das Gehirn in den Empathiemodus und Mitgefühl tritt an die Stelle von Hass und Gleichgültigkeit.

Was hat dies alles nun mit der Einsteinschen Sichtweise zu tun, um die es in diesem Buch vornehmlich geht? Inwiefern kann uns die Einsicht in die ursächliche Bedingtheit des menschlichen Verhaltens helfen, den moralischen Dualismus zu überwinden? Die Antwort liegt auf der Hand, wenn man sich vor Augen führt, wie eng das moralische Konzept von *Gut* und *Böse* mit der Unterstellung eines *ursachenfreien Willens* verknüpft ist. Denn ein »guter« oder »böser« Mensch kann man nur sein, wenn man in der Lage ist, sich sowohl *für das eine* als auch *für das andere* zu entscheiden (PAM). Gibt es diese Wahl nicht, mag man in seinem Leben vielleicht »*böse Dinge*« tun, kann aber im moralischen Sinne nicht wirklich *böse sein*.

Der moralische Schuldvorwurf fällt wie ein Kartenhaus in sich zusammen, wenn wir uns vom Prinzip der alternativen Möglichkeiten verabschieden – und dies hat weitreichende Konsequenzen. Denn unter dieser Voraussetzung ist es gar nicht mehr möglich, den anderen zu *dämonisieren*. Warum nicht? Weil wir ihn nicht mehr als einen *Dämon* betrachten, das heißt als eine *übernatürlich wirkende Kraft*, die losgelöst von Naturkausalitäten Leid und Elend in die Welt bringt. Stattdessen sehen wir in ihm das, was er tatsächlich ist, nämlich einen *natürlichen Organismus*, der sich, wie alle anderen Organismen auch, in jedem Moment seines Lebens nur so verhalten *kann*, wie er sich unter den jeweils geltenden Bedingungen verhalten *muss*.

Dabei unterschlagen wir keineswegs, dass Menschen die Folgen ihres Handelns überdenken können und somit ein weit größeres Verhaltensrepertoire aufweisen als Katzen, Elefanten, Regenwürmer oder Delfine. Aber: Das *virtuelle 50-Bit-Theaterspiel*, das bei solchen bewussten Denkprozessen in Gang gesetzt wird, erfolgt, wie wir gesehen haben, keineswegs *ursachenfrei*, sondern wird von *natürlichen Vorgängen im Gehirn* gesteuert, welches bei seinen Rechenoperationen nur auf die Informationen zurückgreifen kann, die ihm zur Verfügung stehen. Dies hat zur Folge, dass wir in bestimmten Momenten unseres Lebens gar nicht in der Lage sind, ethisch höherwertige Gedanken oder Gefühle zu entwickeln, da uns die hierfür erforderlichen neuronalen Schaltmuster fehlen.

Hannah Arendt hat am Fall Eichmann die »Banalität des Bösen« beschrieben, indem sie aufzeigte, dass die Motive selbst der schlimmsten Nazischergen meist trivialer Art waren, dass einige der grausamsten Verbrechen von Menschen begangen wurden, die als Personen gar nicht bösartig erschienen.[15] Dies allerdings sollte uns auch nicht verwundern: Adolf Eichmann konnte schon allein deshalb keine »teuflisch-dämonische Tiefe« besitzen, weil es derartige »Tiefen« gar nicht gibt. Ebenso wenig gibt es allerdings deren Gegenstück. Wir Menschen sind nun einmal keine »Heiligen«, sondern nur aufrecht gehende Primaten, die es im besten Fall gelernt haben, einigermaßen würdevoll mit sich und anderen umzugehen (was allerdings keinem von uns immer und überall gelingt – auch dem in vielerlei Hinsicht »begnadeten« Albert Einstein nicht).[16]

Aus diesem Grund sollten wir nicht bloß von einer »Banalität des Bösen« sprechen, sondern von einer »*Banalität von Gut und Böse*«. Tatsächlich sind »Gut« und »Böse« banale, substanzlose Begriffe, die uns keinen Deut weiterhelfen, wenn es darum gehen soll, die realen Ursachen von Leid und Elend zu erkennen. Im Gegenteil: Sie verschleiern die realen Ursachen des Leids, indem sie die Übel der Welt auf die Wirkung einer von keinem Wissenschaftler jemals gemessenen Kraft (der »Macht des Bösen«) zurückführen. Mehr noch: Gerade unsere Vorstellungen von »Gut« und »Böse« sind Ursache vieler realer Übel, ermöglichen sie es doch, Menschengruppen fast nach Belieben gegeneinander aufzuhetzen.

Was aber sollte an die Stelle der moralischen Unterscheidung von »Gut« und »Böse« treten? An diesem Punkt kommt das *unmoralische Angebot* ins Spiel, das ich dir in dieser Lektion unterbreiten möchte: Ich rate dir nämlich dazu, dich aus der *Zwangsjacke der Moral* zu befreien und die Welt stattdessen aus der nüchternen, gedanklich sehr viel beweglicheren *Perspektive der Ethik* zu betrachten.

Du fragst dich sicherlich, wo die Unterschiede zwischen einer *moralischen* und einer *ethischen* Sichtweise liegen: Meinen diese beiden Begriffe nicht ungefähr das Gleiche? Tatsächlich werden die Begriffe »Moral« und »Ethik« oft als Synonyme gebraucht, etwa vergleichbar mit den verwandten Begriffen »Schuld« und »Reue« (siehe Lektion 3). Aber unser Sprachgefühl legt uns nahe, dass sie wohl doch eine etwas unterschiedliche Bedeutung haben müssen. Schließlich kennen wir »Moralapostel«, aber keine »Ethikapostel«, und vermutlich wäre dir auch ein wenig unwohl bei dem Gedanken, wenn die Regierung statt eines »Ethikrates« einen »Moralrat« ins Leben rufen würde.

Wenn Philosophen die Differenz zwischen Moral und Ethik betonen, sprechen sie in der Regel davon, dass der Begriff »Moral« die »gelebte Sittlichkeit«, das heißt die real existierenden Vorstellungen von Gut und Böse, kennzeichnet, »Ethik« hingegen die »kritische Reflexion der gelebten Sittlichkeit«. Meine eigene Unterscheidung von Moral und Ethik setzt genau hier an: Denn wenn man die »gelebte Sittlichkeit« aus einer Einsteinschen Perspektive reflektiert, so wird man die Vorstellungen von Gut und Böse nicht bloß *mit anderen Inhalten* füllen, sondern das moralische Konzept von Gut und Böse *aufgeben* und stattdessen *alternative, nicht moralische Bewertungs-*

maßstäbe verwenden (dies ist der Kern der »amora-
lischen Ethik«, die ich vertrete).[17]

Man kann den Unterschied von Moral und Ethik
folgendermaßen fassen: In der *Moral* geht es um die
subjektive Bewertung von Menschen auf der Grundlage
tradierter Vorstellungen von Gut und Böse, Schuld
und Sühne; in der *Ethik* hingegen um die *objektive
Bewertung von Handlungen* anhand des Maßstabs, ob
sie die Interessen anderer angemessen berücksichtigen oder nicht. Für *Moralisten* sind bestimmte Verhaltensweisen *an sich* gut oder böse, weshalb sie den
moralischen Wert einer Person danach bemessen, ob
sie sich *für das eine* oder *für das andere* entscheidet.
Ethiker hingegen fragen nach den *Konsequenzen* des
Verhaltens und untersuchen, ob diese in einer gegebenen Situation wirklich geeignet sind, Interessen-
konflikte *fair* zu lösen.[18]

Du kannst dir die Differenz von Moral und Ethik
vielleicht am besten am Unterschied von *Sexualmoral*
und *Sexualethik* verdeutlichen: *Aus ethischer Perspektive* (Unterscheidung fair/unfair) ist es völlig gleich-
gültig, ob eine Person homosexuelle Partnerschaften
pflegt, ob sie masturbiert, Oral- oder Analverkehr
praktiziert, sofern sie keine Rechte anderer verletzt.
Aus moralischer Perspektive (gut/böse) hingegen werden solche Handlungen häufig als besonders »ver-
werflich« eingestuft und, sofern Moralisten die

erforderliche Macht dazu haben, auch rigoros unterbunden. Nicht ohne Grund sind homosexuelle Handlungen noch heute in vielen Ländern, in denen Moralisten das Sagen haben, mit der Todesstrafe belegt (was aus ethischer Perspektive unter gar keinen Umständen gerechtfertigt werden kann!).[19]

Wie wir gesehen haben, sind die moralischen Begriffe »gut« und »böse« so diffus, dass jede Gruppe sie beinahe beliebig verwenden kann, um ihre jeweiligen Gegner zu diskreditieren und sich selbst ins rechte Licht zu rücken. Auf diese Weise verführt uns die moralische Sichtweise dazu, unsere Gegenüber nicht bloß zu *entmenschlichen*, sondern sie auch als *Sündenböcke* zu missbrauchen, auf die wir sämtliche unangenehmen Anteile unserer eigenen Person oder unserer eigenen Bezugsgruppe projizieren können.

Der psychologische Mechanismus, der hierbei zum Tragen kommt, ist seit den Tagen von Sigmund Freud bekannt: *Wir bekämpfen in den anderen all jene Eigenschaften, die wir selbst in uns tragen, uns aber nicht eingestehen können.* So bekämpft der Fundamentalist in »den Ungläubigen« die eigenen Glaubenszweifel und strenge Eltern in ihren Kindern die eigenen Unzulänglichkeiten.[20] Daher ist es auch nicht verwunderlich, dass diejenigen, die besonders heftig gegen Schwule hetzen (etwa innerhalb der katholischen Kirche), oft selbst homosexuell veranlagt sind und ihre vermeintliche »Sündhaftigkeit« dadurch überdecken, dass sie gegen die »Sünder« agitieren.[21]

Nicht selten ist dieser moralische Eifer aus *Ressentiment* geboren, das heißt, er resultiert aus dem subjektiven *Neid* gegenüber denjenigen, denen es vermeintlich besser geht, weshalb die Zu-kurz-Gekommenen die »Flucht nach vorne« antreten und aus ihrer *Not* eine *moralische Tugend* machen: Wer sexuell nicht zum Zuge kam, geißelt die Freizügigkeit der Jugend, wer erfolglos blieb, die Erfolgsucht der Etablierten.

Du erkennst daran, warum es so wichtig ist, an der Fähigkeit zu arbeiten, dir selbst zu vergeben. *Denn wenn du dir selbst nicht vergeben kannst, wirst du auch anderen nicht vergeben können, sondern dazu neigen, in ihnen deine eigenen Fehler zu bekämpfen.* Eine solch moralisierende Haltung, die das Übel in den anderen sucht, ist nicht nur *unethisch*, weil sie faire Konfliktlösungen behindert, sie trübt auch dein *Urteilsvermögen*. Schon Friedrich Nietzsche hat dies klar erkannt und mit starken Worten die *Vermoralisierung der Welt* kritisiert, mit der, wie er sich ausdrückte, »nachgerade alles moderne Urteilen über Mensch und Ding angeschleimt ist«.[22]

Die »Vermoralisierung der Welt« führt unweigerlich zu Realitätsverzerrungen, da für Moralisten *nicht sein kann*, was *nicht sein darf*. Aus diesem Grund blenden sie alle Fakten aus, die ihren moralischen Grundannahmen widersprechen, und lenken ihren Blick nur auf solche Aspekte der Wirklichkeit, die die eigene Weltsicht stärken. Werden sie dennoch mit irritierenden Tatsachen konfrontiert, so führt dies in der Regel nicht dazu, dass sie ihre Grundannahmen überdenken. Im Gegenteil: Sie reagieren mit *moralischer Empörung*, weil sie aufgrund ihrer verengten Weltsicht davon ausgehen müssen, dass es sich hierbei nur um »Fake News« handeln kann, das heißt um arglistige Täuschungsmanöver aus dem Lager des »bösen Feindes«.

Wenn du dich in den öffentlichen Medien oder in den sozialen Netzwerken umschaust, wirst du feststellen, dass diese Form der *moralischen Verblendung* nahezu allgegenwärtig ist. Nur sehr wenige Menschen bemühen sich ernsthaft darum, die zentrale Anforderung der *Ethik* zu erfüllen, unterschiedliche Standpunkte *fair und unvoreingenommen* gegeneinander abzuwägen. Den meisten ist es sehr viel wichtiger, moralisch »auf der richtigen Seite zu stehen« und sich über die »Vergehen der anderen« zu empören. Ich spreche in diesem Zusammenhang auch von einem »Zeitalter des Empörialismus«, in dem es vorrangig darum geht, *Stimmung gegen die anderen* zu machen, ohne ihre Argumente jemals ernsthaft in Betracht zu ziehen.[23]

Die Einsteinsche Sichtweise bietet eine wunderbare Chance, sich diesem Teufelskreis der moralischen Empörung zu entziehen. Denn unter dieser Voraussetzung wird dir klar sein, dass es in einer rationalen Debatte nicht darum gehen kann, den anderen zu zeigen, wie »großartig« du bist beziehungsweise wie »verkommen« sie sind. Das Ziel sollte vielmehr sein, gemeinsam bessere Lösungen für die Probleme zu finden, die wir zu bewältigen haben. Hierzu musst du das parteiische Lagerdenken überwinden und fähig sein, den anderen recht zu geben, wo sie recht haben – auch wenn du ihre sonstigen Überzeugungen überhaupt nicht teilen kannst.

Solche Zugeständnisse werden dir unter der Einsteinschen Perspektive sehr viel leichter fallen. Denn je stärker du sie verinnerlicht hast, desto *gleichgültiger* werden dir die Vorstellungen darüber, was sich *moralisch schickt* beziehungsweise *moralisch anrüchig* ist. Schließlich weißt du ja: Es war reiner Zufall, dass du in *diese* Zeit, in *diese* Kultur, in *diese* Gesellschaftsschicht mit *diesen* Moralvorstellungen hineingeboren wurdest. Warum also solltest du etwas derartig *Zufälliges*, *Relatives* in irgendeiner Weise *absolut* setzen?! Mögen Moralisten darüber auch die Nase rümpfen: Aus ethischer Perspektive *darfst du tun,*

*was du willst, solange du die Rechte anderer nicht ver-
letzt!* Lass dir diese Freiheit nicht durch moralin-
saure Vorschriften verderben![24]

Wenn du diesen Punkt erst einmal erreicht hast,
wird dir noch ein anderer wesentlicher Sachverhalt
aufgehen, nämlich dass Nationen, Religionen, Kulturen keine absoluten, feststehenden Größen sind, sondern bloß *vorübergehende soziale Konstrukte*, die uns
tragischerweise dazu verleiten, die fundamentale
Tatsache zu übersehen, dass uns Menschen *untereinander sehr viel mehr verbindet als trennt.* Je mehr die
abgrenzende Wirkung religiöser, nationaler und kul-
tureller Faktoren in deinem Bewusstsein *verblasst*,
desto weniger wirst du Menschen noch als Mitglieder von Gruppen wahrnehmen und desto eher wirst
du Einsteins *weltbürgerliche Perspektive* einnehmen,
die nationale, religiöse, kulturelle Denkbegrenzun-
gen hinter sich lässt und den alten *moralischen
Dualismus* durch einen neuen *ethischen Monismus* er-
setzt.

Was meint der Begriff »ethischer Monismus«?
Nun, im Unterschied zum moralischen Dualismus,
der strikt zwischen den Mitgliedern der eigenen und
den Mitgliedern fremder Gruppen differenziert,
akzeptiert das *einheitliche (monistische) Denken* keine
unterschiedlichen Normsysteme für unterschiedliche Gruppen, sondern wendet *ein und dasselbe*

ethische Prinzip – nämlich das *Prinzip der gleichen Be-rücksichtigung gleicher Interessen* – auf *sämtliche Individuen sämtlicher Gruppen* an.[25] Der ethische Monismus verlangt somit, *Diskriminierungen jeder Art* (etwa Rassismus, Sexismus, Nationalismus) *zu über-winden*, da er es als illegitim begreift, die Interessen von Individuen bloß deshalb abzuwerten, weil diese ein anderes Geschlecht, eine andere Hautfarbe, eine andere Nationalität oder einen anderen Glauben haben.[26]

Der ethische Monismus untergräbt die traditio-nelle Wechselwirkung von Nächstenliebe und Fern-stenhass also dadurch, dass er die *Begrenzung des em-pathischen Systems* auf den eigenen Clan, die eigene Ethnie, die Vertreter der eigenen Kultur, Nation, Re-ligion, Ideologie *überwindet* und den Kreis derer, die in den Genuss empathischer Empfindungen kom-men, *erweitert*. Dass eine solche Ausweitung der Empathiegrenzen prinzipiell möglich ist, verrät ein Blick in die Geschichte: Tatsächlich hat sich im Ver-lauf der menschlichen Kulturrevolution der *empa-thische Kreis zunehmend vergrößert*.[27] Umfasste er zu-nächst nur den eigenen Clan, umschloss er später Großgruppen (Nation, Religion, Ethnie, Klasse) und schließlich, mit der UN-Menschenrechtserklärung, die Menschheit in ihrer Gesamtheit.

Und selbst bei dieser weltbürgerlichen Perspektive sind einige nicht stehen geblieben. Mittlerweile hat der empathische Kreis die *Artgrenze* durchbrochen: So sehen immer mehr Menschen ein, dass es keinen plausiblen Grund dafür gibt, die Interessen von Lebewesen (etwa der großen Menschenaffen) bloß deshalb zu ignorieren, weil sie nicht unserer eigenen Spezies angehören.[28] Der Einsteinschen Perspektive kommt auch in diesem Zusammenhang eine gewichtige Bedeutung zu, denn sie kann uns dazu veranlassen, unser selbstgerechtes, herablassendes Verhältnis zur nicht menschlichen Tierwelt grundlegend zu ändern.

Auch in diesem Fall von Überheblichkeit spielt nämlich die Idee der Willensfreiheit eine entscheidende Rolle, schließlich wurde die *künstliche Barriere zwischen Mensch und Tier* vor allem mithilfe der *Fiktion des ursachenfreien Willens* errichtet. Wir Menschen maßten uns an, Fähigkeiten zu besitzen, die es ansonsten in der gesamten Natur nicht gibt: Wir wollten »unbewegte Beweger« sein, Miniaturausgaben jenes »ursachenfrei agierenden Gottes«, als dessen Ebenbilder wir uns wähnten.

Mit dem Abschied von der Willensfreiheit bricht diese Barriere zwischen uns und der Natur in sich zusammen. Wir stehen nicht mehr *über* der Natur, sondern sind *ein Teil* von ihr. Um es mit Albert Schweitzer zu sagen: *Wir sind bloß Leben, das leben will, inmitten von Leben, das leben will!*[29] Nimmt man diese Perspektive ernst, so gelangt man, wie die nachfolgende Lektion zeigen wird, zu einer *»Einstein-schen Religiosität«*, die mit traditionellen Formen der Religion kaum noch in Einklang zu bringen ist.

Lektion 6

Rationale Mystik

Die Donnergötter haben ausgedient, seitdem wir wissen, welche physikalischen Kräfte bei einem Gewitter wirken. Der berühmte Soziologe Max Weber meinte daher, dass der wissenschaftliche Forschungsprozess die Welt »entzaubert« habe.[1] Doch dies ist nur die halbe Wahrheit. Denn die Wissenschaft hat der Welt zugleich einen *neuen Zauber verliehen*, indem sie uns den Blick auf die unendlichen Dimensionen eines Universums eröffnete, das sehr viel geheimnisvoller ist, als es sich sämtliche Religionsstifter haben vorstellen können.

Wer sich ernsthaft darum bemüht, die realen Zusammenhänge im Kosmos zu verstehen, der entwickelt eine *kosmische Religiosität*, die, wie Albert Einstein schrieb, »keine Dogmen und keinen Gott kennt, der nach dem Bild des Menschen gedacht wäre«.[2] Einstein begriff sich selbst als einen »tief religiösen Ungläubigen«,[3] der sich einen »Gott, der die Objekte seines Schaffens bestraft, der überhaupt einen Willen hat nach Art desjenigen, den wir an uns selbst erleben, (...) nicht einbilden« konnte.[4] Wer »von der kausalen Gesetzmäßigkeit allen Geschehens durchdrungen ist«, für den sei die »Idee eines Wesens, welches in den Gang des Weltgeschehens eingreift, ganz unmöglich«.[5] Einsteins Religiosität gründete daher nicht auf traditionellen Glaubensvorstellungen, sondern auf dem Einblick in die »großartige Struktur« der Natur, »die wir nur sehr unvollkommen zu erfassen vermögen und die einen vernünftigen Menschen mit einem Gefühl von Demut erfüllen muss«.[6]

Tatsächlich hatte Einstein genau das, was der Theologe Friedrich Schleiermacher als den *Kern des Religiösen* begriff, nämlich einen tiefen »Sinn und Geschmack fürs Unendliche«.[7] Allerdings war Einstein überzeugt, dass die anthropomorphen (menschenartigen) Gottesvorstellungen der traditionellen Religionen diesen »Sinn und Geschmack fürs Unendliche« eher verderben, als dass sie ihn nähren. Um die »Erhabenheit und wunderbare Ordnung« des Universums zu erfahren, müsse man nämlich die »Nichtigkeit menschlicher Wünsche und Ziele« ertragen und »die Gesamtheit des Seienden als ein Einheitliches und Sinnvolles erleben«.[8]

Was Einstein mit dieser »Gesamtheit des Seienden« meinte, wird dir vielleicht klarer, wenn du dir den *Staffellauf des Lebens* vergegenwärtigst, den die moderne Evolutionsbiologie aufgedeckt hat. Stell dir vor, wie viele Generationen von Organismen das kostbare Gut des Lebens weitertransportiert haben, von den Protoorganismen der Urzeit über die ersten Fische, Amphibien, Säugetiere, Affen, über unzählige Generationen von Menschenartigen und Menschen, bis es zu dir gelangte, der du dieses Buch nun in den Händen hältst! Wäre nur einer deiner Vorfahren, die vor 450 Millionen Jahren als Fische durch die Meere schwammen, vorzeitig gestorben, ohne sich fortzupflanzen, wärst du höchstwahrscheinlich nicht hier, ja: wäre niemand von uns hier. Fakt ist: Wir sind nicht nur allesamt miteinander verwandt, weil wir aus derselben »Ursuppe« stammen, *wir sind im wahrsten Sinne des Wortes »eins«*, weil jeder von uns denselben mehr als vier Milliarden Jahre alten »Lebenskeim« in sich trägt.

Und damit nicht genug, schließlich sind wir nicht nur mit der Welt des Lebendigen verbunden: Jeder von uns besteht, so lehrt es die Physik, aus mehr als 10^{27} Atomen, die seit etwa 13,8 Milliarden Jahren alle erdenklichen Formen von Materie hervorbringen. Bevor sich diese Atome in dir vereinigten, bildeten sie intergalaktische Gaswolken und Sterne, Felsen, Vulkane, Ozeane. Sie waren Bestandteile von Insektenflügeln, Fischkiemen, Dinosauriermägen und natürlich auch von unzähligen menschlichen Lebewesen.

Auf atomarer Ebene, so könnte man sagen, gibt es tatsächlich so etwas wie »Reinkarnation«: Die Atome, die einst dem historischen Buddha, dem historischen Jesus oder Mohammed Gestalt gaben, sind nicht nur bis heute erhalten geblieben, viele Millionen dieser Buddha-, Jesus- oder Mohammed-Atome befinden sich jetzt, in diesem Moment, in unveränderter Form in deinen Händen, Füßen, Beinen oder inneren Organen. Insofern ist jeder Mensch, aber natürlich auch jeder Hai oder jede Spitzmaus, ein »ökumenisches Religionsstiftertreffen«.

Die Atome, die deine jetzige Gestalt bilden, werden selbstverständlich auch nach deinem Tod fortexistieren. Sie werden überstehen, was kein irdisches Lebewesen überstehen kann, nämlich, dass sich die Erde in den nächsten zwei Milliarden Jahren in einen Wüstenplaneten und die Sonne sich allmählich in einen Roten Riesen verwandelt. Nach dem Tod unserer Sonne werden die Atome, die dein jetziges Sein ermöglichen, an der Bildung neuer Gaswolken, neuer Sonnen, neuer Planeten beteiligt sein, ja vielleicht sogar werden einige Atome, die sich gerade jetzt in deiner rechten Hand befinden, in einer weit entfernten Zukunft auf einem weit entfernten, noch gar nicht geborenen Planeten, die Gestalt einer neuen intelligenten Spezies mit hervorbringen, die über das Wunder des Universums ebenso wird staunen können, wie wir es heute tun.

Frage dich selbst: Gibt es irgendeine Erzählung in irgendeiner Religion, die den »Sinn und Geschmack fürs Unendliche« so sehr beflügeln kann wie diese rationale Erhellung der kausalen Zusammenhänge in der Natur? Wie könnte man dem *faulen Zauber* eines Glaubens an magische Kräfte, menschenähnliche Götter und Dämonen auch nur *eine* Träne hinterherweinen, wenn man empfänglich geworden ist für diesen *realen Zauber* des Kosmos?

In früheren Zeiten hat man Rationalität und Mystik als Gegensatzpaare verstanden, da man davon ausging, dass die rationale Methode der Wissenschaft darin besteht, begründete *Unterscheidungen* vorzunehmen, während Mystiker danach streben, die geheimnisvolle *Einheit hinter diesen Unterscheidungen* zu erfahren. Doch diese Vorstellung ist historisch überholt. Denn *gerade* die Wissenschaft hat in den letzten hundert Jahren wesentlich dazu beigetragen, klassische Unterscheidungen zu überwinden und den *unaufhebbaren Zusammenhang der Dinge* sichtbar zu machen.

Im Zuge des wissenschaftlichen Forschungsprozesses wurden die *traditionellen Dualismen* von

Subjekt und Objekt, von Körper und Geist, Natur und Kultur, Mensch und Tier in fundamentaler Weise aufgehoben. Die Wissenschaft ist heute in der Lage, ebenjene *unauflösliche Verbindung des Teils mit dem Ganzen* zu erklären, welche die Mystiker in ihrer *Verschmelzung mit dem Kosmos* erfahren. Insofern könnte man sagen, dass Rationalität und Mystik auf einer höheren Ebene miteinander vereint wurden: *Das Mystische ist rational geworden und das Rationale mystisch.*

Tatsächlich korrespondiert die *wissenschaftliche Einheitsdeutung* der Welt in erstaunlichem Maße mit der *mystischen Einheitserfahrung.* Ich behaupte sogar: Nur wenn wir bereit sind, Einstein zu folgen und uns selbst konsequent in die Naturkausalität einzuordnen, über die wir uns mithilfe des »unerklärlichen Wunders des ursachenfreien Willens« erheben wollten, können wir die *tiefe Kluft zwischen uns und der Welt* überwinden und jenes »*ozeanische Gefühl*« empfinden, über das Mystiker seit Jahrhunderten berichten.

Ich würde dies nicht mit solcher Gewissheit schreiben, wenn ich dieses »ozeanische Gefühl« nicht selbst schon in seiner ganzen Intensität erlebt hätte.[9] Ich hatte damals, im März 1995, gerade einen Aufsatz fertiggestellt, der im Grunde schon das gleiche Thema behandelte wie das vorliegende Buch.

Obgleich mein episodisches Gedächtnis nicht das beste ist, erinnere ich mich noch immer sehr genau daran, wie ich den Text nach seiner Fertigstellung überflog, mit dem Bleistift einige Korrekturen an den Rand kritzelte und mein Uni-Büro verließ. Den Artikel weiterhin lesend, stieg ich die Treppen des Gebäudes hinab und stieß die Tür zum Uni-Campus auf.

Was dann geschah, ist in Worte kaum zu fassen: Es war, als hätte sich die Welt auf einen Schlag verändert. Die Farben leuchteten kräftiger als je zuvor, der Duft der Pflanzen, den ich bis dahin kaum wahrgenommen hatte, stieg betörend in meine Nase. Noch bemerkenswerter war, dass diese starken äußeren Sinneseindrücke begleitet wurden von einem Gefühl *größter innerer Ruhe und Harmonie*, das mich geradezu überwältigte. Statt in den Bus zu steigen und die Heimfahrt anzutreten, wie ich es ursprünglich vorhatte, setzte ich mich auf eine Bank. Zu mehr wäre ich auch nicht in der Lage gewesen.

Ich weiß nicht, wie lange ich dort saß und regungslos das Treiben auf dem Campus verfolgte, denn ich hatte in diesem Moment nicht nur jegliches Gefühl für die Zeit, sondern auch jegliches Gespür für mein eigenes Selbst verloren. Das »ozeanische Gefühl« der »Verschmelzung mit der Welt«, das sich in mir ausbreitete, ging so weit, dass ich mich nicht mehr als ein von der Außenwelt abgrenzbares Subjekt wahrnahm. Ich war auf eine eigenartige Weise »entselbstet«, »eigenschaftslos«, »leer«, und doch übervoll an Eindrücken. Nie zuvor und auch nie danach war ich – leider kann ich es nur mit diesen esoterisch anmutenden Begriffen ausdrücken – so sehr »in meiner eigenen Mitte«, so sehr »mit mir selbst im Reinen« wie in diesem Moment, in dem sich dieses Selbst, mein Ich, verflüchtigte.

Als sich mein mentaler Zustand langsam wieder normalisierte, stand ich von der Bank auf und ging zum Bus. Wirklich »normal« fühlte ich mich jedoch noch immer nicht. Wahrscheinlich dachten einige, die mich mit seltsam entrücktem Lächeln an der Bushaltestelle stehen sahen, der »Herr Dozent« sei »auf Droge«, was jedoch nicht zutraf. Dankenswerterweise kehrte mein rationales Selbst später immerhin so weit zurück, dass ich mich im letzten Moment zügeln konnte, dem Impuls nachzugeben, unvermittelt »Ich liebe euch!« zu rufen und die Menschen im überfüllten Bus in idiotischer Ekstase zu umarmen, was meinen Ruf als Religionskritiker wohl für alle Zeiten beschädigt hätte.

Wäre ich damals ein religiöser oder auch nur leicht esoterisch angehauchter Mensch gewesen, hätte ich diese außergewöhnliche Episode sicherlich als »Gotteserfahrung«, »Satori-Erlebnis« oder »Erleuchtung« gedeutet. Als ausgewiesener Rationalist empfand ich für derartige Interpretationen allerdings keinerlei Sympathien. Der einzige rationale Grund für mein Erlebnis musste in Verbindung mit der Fertigstellung meines Aufsatzes stehen. Denn es war offensichtlich, dass dieser Artikel *theoretisch* bereits vorweggenommen hatte, was ich später *praktisch* auf dem Uni-Campus erfahren durfte, nämlich die Aufhebung der Vorstellung eines autarken Ichs, das sich mit seinem »freien Willen« über die Welt erhaben fühlt.

Während des Schreibens dieses Textes war mir nicht bewusst gewesen, dass ich mit meiner nüchtern-rationalistischen, sehr westlich erscheinenden Argumentationsweise zu Schlüssen gelangt war, die deutliche Parallelen zu diversen östlichen Weisheitslehren aufwiesen. Nach meiner Campus-Erfahrung, die so gar nicht zur Grundhaltung eines kritischen Rationalisten zu passen schien, waren diese Zusammenhänge nicht mehr zu verdrängen. Also las ich in den folgenden Monaten reichlich hinduistische, buddhistische, fernöstliche Literatur. Es war verblüffend, wie sehr sich das, was ich in diesen so fernen Texten fand, mit dem deckte, was ich selbst auf ganz anderem Wege herausgefunden hatte.

Mir wurde klar: Lange bevor die Hirnforschung zeigen konnte, dass unsere bewussten Denkaktivitäten durch nicht bewusste neuronale Prozesse hervorgerufen werden, hatten Vertreter des östlichen Denkens, etwa des Zen-Buddhismus oder des Advaita-Hinduismus, festgestellt, dass nicht *wir denken*, sondern dass es vielmehr *in uns denkt*. Das Ego, das sich als unabhängig vom Ganzen begreift, entlarvten sie zu Recht als Illusion und die daraus resultierende Differenz von Subjekt und Objekt als Täuschung.

Wenn es eine »Weisheit des Ostens« gibt, so liegt sie hier: in der Enttarnung der Illusion des autarken Ich und in der Erkenntnis, dass diese Enttarnung zu einem besonderen »Seelenfrieden« führen kann. Denn die *Befreiung vom Ich* kann nicht nur außergewöhnliche Erlebnisse auslösen, sondern auch dafür sorgen, dass wir unser Verhältnis zur Welt ändern und ein höheres Maß an Gelassenheit entwickeln. Die psychologische Wahrheit der buddhistischen Lehre vom »Nicht-Selbst« (Anatta) lässt sich, wie ich meine, recht gut in jenem Satz zusammenfassen, mit dem die Einleitung dieses Buches begonnen hat: *Wer von seinem Selbst lassen kann, entwickelt ein gelassenes Selbst.*

Gelassen*heit* hat nämlich viel mit Gelassen*haben*, dem Loslassenkönnen der Fiktion eines von der Welt abgegrenzten Ichs zu tun. Das wusste schon Meister Eckart, dem wir das schöne Wort »Gelassenheit« in der deutschen Sprache verdanken und der als christlicher Mystiker (und Ketzer) zu Erkenntnissen kam, die in erstaunlichem Maße nicht nur mit den Ansichten östlicher Mystiker, sondern auch mit den Ergebnissen der modernen Hirnforschung übereinstimmen.

Wie wir schon in der zweiten Lektion gesehen haben, beruht unser Ich auf einem »virtuellen Theaterstück, das von einem blumenkohlförmigen Organ in unseren Köpfen inszeniert wird«, wobei die Rolle jenes virtuellen Akteurs, den wir unser »Ich« nennen, nicht zuletzt durch die Zuschreibungen der Gruppe bestimmt ist, in der wir leben. Wenn wir nun versuchen, diese kulturellen Zuschreibungen von unserem »Ich« abzuziehen (oder um es im buddhistischen Jargon auszudrücken: wenn wir versuchen, uns von den »Anhaftungen« des Ichs zu befreien), so entdecken wir etwas *Merkwürdiges* (es ist tatsächlich würdig, sich dies zu merken), nämlich dass der *Kern unseres Seins kernlos ist.*

Es ist wie bei einer Zwiebel: Wenn wir das Ich schälen, also Schale für Schale abtragen, was zur Konstruktion dieses speziellen Selbst geführt hat, so bleibt von der virtuellen Inszenierung unseres Egos am Ende nichts mehr übrig. Wer diese »produktive Leere« erfährt (und das ist das Ziel jeder meditativen Übung), der spürt den Urgrund seiner eigenen Existenz – und diesem Urgrund haftet gar nichts Eigenes, nichts Individuelles mehr an, es ist vielmehr ein unbestimmtes und unbestimmbares Etwas, ein Etwas, das ein jeder von uns mit allen anderen Lebensformen auf der Erde teilt, nämlich *das pure Leben selbst*.

Wenn man diese »produktive Leere« des Anatta spürt und sich von der Vorstellung des »grandiosen Ichs« befreit, so ist dies, wie wir in den vorangegangenen Lektionen gesehen haben, in vielerlei Hinsicht entlastend: Wir stehen nicht mehr unter dem Druck, uns selbst und der Welt zu beweisen, wie »großartig« wir sind, schauen nicht mehr auf andere herab, verlieren die Angst vor dem Versagen, steigern unsere Fähigkeit zu vergeben, lassen von dem Moralismus ab, der den anderen das Leben zur Hölle macht, und befreien uns von den Illusionen, die uns den Blick auf die Realität verstellen. Jedoch hat der Abschied vom Ich noch eine weitere positive Wirkung, die bislang noch nicht zur Sprache gekommen ist: Er ist nämlich in der Lage, uns die *Angst vor dem Tod* zu nehmen.

Schließlich ist klar, dass dieses Ich, das nur eine »virtuelle Inszenierung« des Gehirns ist, den Hirntod nicht überdauern kann. Wenn schon beim Ausfall *einiger* Neuronen infolge einer Demenz die Persönlichkeit eines Menschen verloren geht – wie könnte dann beim Ausfall *sämtlicher* Neuronen infolge des Todes irgendetwas von dieser Persönlichkeit erhalten bleiben?! Es gibt nur wenige Dinge im Leben, über die wir uns so sicher sein können wie darüber, dass der Tod tatsächlich das *ultimative Ende aller Bewusstseinsfunktionen* bedeutet.

Diese ultimative Empfindungslosigkeit ist der Grund dafür, dass niemand den *Tod an sich* fürchten muss, denn »wenn wir da sind, ist der Tod nicht da, aber wenn der Tod da ist, sind wir nicht mehr«.[10] Es ist nun 2300 Jahre her, dass der griechische Philosoph Epikur diese einfache, klare, Angst reduzierende Erkenntnis formulierte, doch leider ist sie in weiten Teilen der Erde noch immer nicht angekommen.

Fakt ist: Du brauchst keine Angst zu haben, postmortal in der Hölle gebraten oder »im nächsten Leben« als Kellerassel wiedergeboren zu werden, da es dich *nach* deinem Tod ebenso wenig geben wird, wie es dich *vor* deiner Geburt gegeben hat. Die Einsteinsche Sichtweise verspricht dir für den Moment des Todes exakt das, worauf gläubige Hindus und Buddhisten ein Leben lang hinarbeiten, nämlich das vollkommene *Nirwana,* das absolute Nichts, in dem du nichts mehr spüren wirst, da du nicht mehr bist.

Einstein hatte in dieser Hinsicht keinerlei Zweifel: »... ein Individuum, das seinen körperlichen Tod überdauert, mag und kann ich mir nicht denken«, schrieb er und fügte hinzu, »mögen schwache

Seelen aus Angst oder lächerlichem Egoismus solche Gedanken nähren.«[11] Mit »lächerlichem Egoismus« meinte Einstein hier »*Ego*-Ismus« im wörtlichen Sinne, also nicht bloß »Eigennutz«, sondern *Selbst-Sucht*, ein übermäßiges *Verhaftetsein im eigenen Ich*, das sich selbst als so *ungeheuer bedeutsam* erlebt, dass es ihm überhaupt nicht *vorstellbar* erscheint, dass eine Welt *ohne* dieses Ich jemals existieren könnte.

Die Lehre, die wir daraus ziehen können, lautet wie folgt: *Du musst von deinem Selbst lassen können, um dem Tod gelassen entgegenzublicken.* Je besser du zu Lebzeiten die Fiktion des grandiosen Ichs eliminieren kannst, desto leichter wirst du die Tatsache ertragen, dass der Tod dieses Ich eliminieren wird. (Bist du hierzu in der Lage, wirst du keine Angst mehr vor dem *Tod* haben, ängstigen wird dich allenfalls noch der Prozess des *Sterbens* – aber dies ist ein anderes Thema, mit dem ich mich in einem anderen Buch beschäftigt habe.)[12]

Der Abschied vom Ich, die nüchterne Akzeptanz der Tatsache, dass sich die Welt auch ohne uns weiterdrehen wird, verlangt eine *intellektuelle Reife*, zu der leider nur wenige gelangen. Wohl auch deshalb meinte Einstein, dass der »wahre Wert eines Menschen in erster Linie dadurch bestimmt« sei, »in welchem Grad und in welchem Sinne er zur Befreiung vom Ich gelangt ist«.[13]

Von dieser »Befreiung vom Ich« sind Abermillionen von Menschen auf diesem Globus noch immer weit entfernt. Sie sind so sehr verhaftet in der Illusion des grandiosen Selbst, dass sie gar nicht anders können, als sich an die Rettungsringe des Glaubens zu klammern, der ihnen vorgaukelt, dass ihr so wertvolles Ich ewig fortexistieren wird. Zwar ahnen es viele, dass sie sich mithilfe dieser eingebildeten Rettungsringe nicht über Wasser halten können, doch nur wenige gestehen es sich ein. *Zu groß ist die Angst, loslassen zu müssen und im Existenzstrudel ganz auf sich allein gestellt zu sein.*

Doch kann man als halbwegs rational denkender Mensch wirklich dauerhaft so zu tun, als könne man Dinge glauben, von denen man eigentlich wissen müsste, dass sie niemals eintreten werden? Und kann man sich selbst als »spirituell veranlagten Menschen« begreifen, wenn man partout nicht davon lassen kann, sich selbst Tag für Tag *in die Tasche zu lügen?*

Wohl kaum, denn *Rationalität* und *Spiritualität* werden, so der Neurophilosoph Thomas Metzinger, von einer gemeinsamen »intellektuellen Tugend« getragen, nämlich dem Streben nach »*intellektueller Redlichkeit*«. Rationale Denker und spirituelle Menschen (die sich nicht bloß als solche bezeichnen) eint der Wille »zur bedingungslosen Wahrhaftigkeit und

Aufrichtigkeit sich selbst gegenüber«.[14] Sie wollen sich nicht von Illusionen blenden lassen, nicht einfach glauben, was man schon immer geglaubt hat, sondern die Barrieren überwinden, die den Blick auf die Wirklichkeit verstellen.

Der Mut zur »bedingungslosen Wahrhaftigkeit und Aufrichtigkeit sich selbst gegenüber« verlangt, wie wir gesehen haben, nicht zuletzt auch, dass wir die *Endgültigkeit des Todes* ohne weitere Ausflüchte akzeptieren. Hiervor jedoch scheuen viele Menschen zurück, da sie meinen, dass ihr Leben keinen *Sinn* habe, wenn sie akzeptieren würden, dass es kein »Danach« mehr gibt. Offenkundig ist diese Frage nach dem *Sinn des Lebens* so bedeutsam, dass wir uns auch mit ihr auseinandersetzen sollten.

Der Sinn des Lebens

Die beiden Pole unseres Lebens gleichen sich in grotesker Weise – nicht nur, weil der Greis am Ende unter Umständen ähnlich hilflos ist wie der Säugling am Anfang, sondern auch, weil er unweigerlich auf jenen Zustand des *Nichtseins* zusteuert, aus dem der Säugling hervorgegangen ist: Haben wir *zuvor* über Jahrmilliarden *noch nicht existiert*, werden wir *danach* über Jahrmilliarden *nicht mehr existieren*. Der verschwindend kleine Spalt, der die beiden gewaltigen Zeiträume unserer Nichtexistenz voneinander trennt, markiert das, was wir unser *Leben* nennen.

Als Individuen kommen wir mit der Tatsache, dass wir vor unserer Geburt noch nicht existierten, in der Regel weit besser zurecht als damit, dass wir nach unserem Tod nicht mehr existieren werden. Gleichsam ist es für uns leichter zu ertragen, dass von der Menschheit in der Vergangenheit *über Jahrmilliarden nichts zu sehen war*, als dass von ihr in der

Zukunft *über Jahrmilliarden nichts mehr zu sehen sein wird.* Denn wir wissen: Mit dem Ende der Menschheit wird auch ihr kulturelles Gedächtnis versiegen und damit die allerletzte Chance vergehen, dass irgendetwas von dem, was wir waren oder getan haben, in Erinnerung bleibt.

Dazu aber wird es notwendigerweise kommen – *spätestens* wenn die Energie des »Urknalls« verbraucht ist und keine Energieumwandlung (und somit auch kein Leben) im Universum mehr möglich ist, *wahrscheinlich* aber schon Jahrmilliarden früher, da wir Menschen (wie alle irdischen Arten) mit großer Sicherheit irgendwann von verheerenden Naturkatastrophen dahingerafft werden (Meteoriteneinschläge, Supervulkane, Entwicklung der Sonne zu einem »Roten Riesen« etc.) oder uns selbst durch törichtes Verhalten (atomare, chemische, biologische Kriege, industrielle Supergaus, Umweltverschmutzung etc.) die Lebensgrundlagen entziehen.

So oder so steht fest: Irgendwann wird die Menschheitsgeschichte enden, irgendwann werden wir vergessen sein, und selbst das Vergessen wird vergessen sein. Nichts von dem, was wir sind oder erschaffen, wird die Zeit überdauern. Und so steht am Ende der menschlichen Geschichte nicht der dauergrinsende »Mr. Fortschritt«, sondern das heillose, trostlose, sinnlose Nichts.[1] Friedrich Nietzsche fasste

die kosmische Bedeutungslosigkeit der Menschheitsgeschichte einmal in knappen, schonungslosen Worten zusammen:

> In irgendeinem abgelegenen Winkel des in zahllosen
> Sonnensystemen flimmernd ausgegossenen Weltalls
> gab es einmal ein Gestirn, auf dem kluge Tiere das Er-
> kennen erfanden. Es war die hochmütigste und ver-
> logenste Minute der ›Weltgeschichte‹; aber doch nur
> eine Minute. Nach wenigen Atemzügen der Natur
> erstarrte das Gestirn, und die klugen Tiere mussten
> sterben. – So könnte jemand eine Fabel erfinden und
> würde doch nicht genügend illustriert haben, wie
> kläglich, wie schattenhaft und flüchtig, wie zweck-
> los und beliebig sich der menschliche Intellekt inner-
> halb der Natur ausnimmt. Es gab Ewigkeiten, in de-
> nen er nicht war; wenn es wieder mit ihm vorbei ist,
> wird sich nichts begeben haben.[2]

Viele Menschen kommen mit dieser nüchternen
Sicht der Dinge nicht zurecht. Sie wollen unbedingt
die *Krone der Schöpfung* sein – nicht bloß die *Ne-
andertaler von morgen*. Also berauschen sie sich an
der illusionären Vorstellung, dass das gesamte Universum *exklusiv für sie und ihresgleichen erschaffen
wurde* und nennen diese kolossale Verdrehung der
Tatsachen »Religion«. In Wahrheit jedoch zeigt das

winzige *Bonsai-Universum*, das sie sich zusammenzimmern, um die Hauptrolle im Kosmos spielen zu können, dass gerade ihnen der »Sinn und Geschmack fürs Unendliche« abgeht. Was sie »Religion« nennen, ist nur eine *Ausgeburt der fixen Idee vom »grandiosen Selbst«*, das die eigene Spezies wahnhaft in den Mittelpunkt des Universums rückt, um die eigene »Großartigkeit« nicht infrage stellen zu müssen.

Werden Menschen, die solchen Vorstellungen anhängen, mit den kosmischen Tatsachen konfrontiert, empfinden sie dies nicht nur als einen Angriff auf ihre »Religion«, sondern als einen »Angriff auf die Würde des Menschen«. Dabei erfolgt dieser Angriff sehr viel eher in umgekehrter Richtung: Denn was verbirgt sich hinter der Vorstellung, dass das Weltall mit seinen Milliarden von Galaxien und Trilliarden von Sternen und Planeten exklusiv für uns erschaffen wurde? Ein *unterentwickeltes Selbstbewusstsein*, das der *grandiosen Selbstüberhöhung* bedarf, um nicht jämmerlich in sich zusammenzubrechen – eine Haltung also, die dem menschlichen Leben *für sich genommen*, ohne Rückendeckung durch einen »Schöpfergott« oder eine »kosmische Vorsehung«, keinen *eigenen Wert* zukommen lässt.

Worin aber liegt der Wert des menschlichen Lebens, wenn man seine kosmische Irrelevanz ungeschminkt zur Kenntnis nimmt? Nun, im Grunde liegt die Antwort auf der Hand: Aus der Tatsache, dass unser Leben *für den Kosmos* bedeutungslos ist, ergibt sich keineswegs, dass es auch *für uns* bedeutungslos sein sollte. Es kommt nämlich gar nicht darauf an, ob unser Leben in diesem Universum einen Sinn *an sich* hat, entscheidend ist vielmehr, ob es einen Sinn *für uns* hat. Bei genauerer Betrachtung zeigt sich sogar, dass unser Leben keinen *Sinn an sich* haben kann, weil es einen solchen *Sinn an sich* überhaupt nicht gibt. Warum nicht? Ganz einfach: Weil »Sinn« ein reflexiver Begriff ist, weshalb jede Rede von »Sinn« so lange sinnlos bleibt, solange nicht angegeben wird, *für wen* irgendetwas einen Sinn hat.

Daran würde sich auch nichts ändern, wenn es wider Erwarten tatsächlich einen *Gott* gäbe, der an der Menschheit interessiert wäre (oder alternativ: eine *kosmische Programmiererin*, die unser Universum als Computersimulation ablaufen lässt und sich an unserer virtuellen Existenz erfreut). Selbst in einem solchen Fall hätte unser Leben keinen *Sinn an sich*, sondern bloß einen *Sinn für Gott* (beziehungsweise einen Sinn für die kosmische Programmiererin) – und diese *fremde Sinnkonstruktion* könnte sogar in einem *unauflöslichen Widerspruch* zu unserer *eigenen Sinnkonstruktion* stehen, wie das nachfolgende kleine Gedankenexperiment zeigt:

Stell dir vor, »Gott« (beziehungsweise die »kosmische Programmiererin«) habe den Menschen nur deshalb erschaffen und für seine rasante Vermehrung in den letzten Jahrzehnten gesorgt, weil er (oder sie) uns als Nahrungsquelle für eine höher entwickelte Spezies vorgesehen hat, die in hundert Jahren die Milchstraße auf der Suche nach schmackhaften Großhirnen durchkreuzen wird. Würden wir uns einem solchen »übergeordneten Sinn« unserer Existenz unterwerfen wollen? Natürlich nicht! Auch die hochintelligenten Schweine, die wir zum Verzehr züchten, dürften den Sinn ihres Daseins (wenn sie sich die Sinnfrage stellen würden) kaum darin sehen, postmortal auf dem Grillteller zu landen.

Worauf ich hinauswill: Der Sinn, den *du* deinem Leben gibst, existiert völlig losgelöst davon, ob *ein Gott* (beziehungsweise eine kosmische Programmiererin) deinem Leben ebenfalls Bedeutung zumisst. Daher wirst du den Sinn deines Lebens auch *nicht außerhalb deines Lebens* finden können. Denn: *Sinn entsteht durch Sinnlichkeit*. Das heißt: Ohne die sinnliche Wahrnehmung von *Wohl und Wehe, Lust und Leid* gäbe es gar keinen *Sinn*. Hättest du nicht die Fähigkeit *zur sinnlichen Deutung der Welt*, so wäre deine eigene Existenz für dich *sinn- und bedeutungslos*, sie würde dich ebenso wenig interessieren, wie es einen Kühlschrank, Staubsauger oder Schachcomputer interessiert, ob er noch funktioniert oder schon morgen entsorgt wird.

Da der Sinn des Lebens an das sinnliche Leben gebunden ist, geht mit dem *Ende der Sinnlichkeit* notwendigerweise auch das *Ende des Sinns* einher. Wie wir in der vorangegangenen Lektion gesehen haben, musst du diesen finalen Sinnverlust nicht fürchten, da du ihn nicht mehr wahrnehmen wirst. Mehr noch: Gerade dadurch, dass du die *Endgültigkeit des Todes* akzeptierst, wirst du die eigentliche *Bedeutung des Lebens* erkennen. Denn mit der Absage an das *Jenseits* steigert sich der Wert des *Diesseits*: *Nur weil das Leben endlich ist, ist es so unendlich kostbar.*

Wenn du begriffen hast, dass es für deine Existenz weder eine ewige Verlängerung im Paradies noch Wiederholungspartien in Form von Wiedergeburten gibt, wirst du verstehen, was für dich hier und heute auf dem Spiel steht: Dein Leben ist eine *einmalige Chance!* Falls du sie dir entgehen lässt, entgeht dir alles, was dir überhaupt entgehen kann. Daher meine ich: *Wenn es einen »Stein der Weisen« gibt, so ist es der Grabstein!* Wir sollten damit aufhören, uns aus der Wirklichkeit fortzulügen, und unsere Endlichkeit akzeptieren, denn nur so werden wir unser Leben in all seinen Dimensionen wertschätzen, bevor die Nacht über uns hereinbricht.

Die Anhänger des altgriechischen Philosophen

Epikur haben daraus bereits vor mehr als zwei Jahrtausenden die einzig logische Konsequenz gezogen und sich an der schönen Maxime »Carpe diem« orientiert: *Pflücke (oder nutze) den Tag!* – ein Ratschlag, dem wir besser heute als morgen folgen, da wir nicht wissen können, ob es ein Morgen für uns überhaupt noch geben wird.

Wie aber »nutzt« du »den Tag« sinnvoll? Meine Empfehlung: Orientiere dich an den Menschen, die es in besonderer Weise geschafft haben, ein sinnvolles, glückliches und zufriedenes Leben zu führen! Psychologen haben empirisch untersucht, wie ihnen dieses Kunststück gelungen ist.[3] Dabei stellte sich heraus, dass ausgewiesene »Glücksritter« (oft unbewusst) drei zentrale Strategien verfolgen, um ihrem Leben Sinn zu geben. *Erstens:* Sie genießen ihr Leben mit allen Sinnen (dies ist die Strategie des *Hedonismus*). *Zweitens:* Sie arbeiten daran, ihre eigenen Talente zu entfalten (die Strategie der *Selbstverwirklichung*). *Drittens:* Sie engagieren sich für Dinge, die nicht nur für sie selbst, sondern auch für andere von Bedeutung sind (die Strategie des *Altruismus*).[4]

Hedonismus, Selbstverwirklichung und Altruismus sind erwiesenermaßen gute Wege zum persönlichen Glück, aber natürlich enthalten sie keine »Glücksgarantie«. Wie wir bereits in der ersten Lektion gesehen haben, muss man schon einiges *Glück*

haben, um glücklich sein zu können. Das ändert jedoch nichts daran, dass du die Wahrscheinlichkeit
eines glücklichen Loses in der »Lotterie des Lebens«
erhöhen kannst, wenn du diese drei so erfolgreich
getesteten Glücksjagd-Strategien in deinem Alltag
anwendest, das heißt wenn du dich darauf konzentrierst, a) ein sinnfreudiges (hedonistisches) Leben
zu führen, b) deine eigenen Talente zur Entfaltung
zu bringen und c) dich am Wohl der anderen zu
orientieren.

Bei der Umsetzung dieser Dreifachstrategie kann
dir die *Einsteinsche Sichtweise* von großem Nutzen
sein: Denn es wird dir sehr viel leichter gelingen,
dein Leben *mit allen Sinnen zu genießen*, wenn du dir
deine Sinnlichkeit nicht durch moralische Vorschriften vermiesen lässt, die ethisch nicht begründet sind
(Lektion 5). Es wird für dich zudem einfacher werden, deine *Talente zu entwickeln*, wenn du dich von
der Illusion des grandiosen Selbst befreist und die
lähmende Angst vor dem Versagen überwindest
(Lektion 3). Und du wirst dich auch sehr viel eher *für
andere engagieren* können, wenn du gelernt hast,
dich in ihre Lage hineinzuversetzen und die Motive
ihres Handelns zu verstehen (Lektion 4).

Gerade diese letzte, altruistische Strategie wird
in der westlichen, sehr ichorientierten Perspektive
leider oft unterschätzt. Dabei leistet sie einen enor-

men Beitrag dazu, das eigene Leben als sinnvoll zu empfinden. Warum? Karl Marx gab die Antwort bereits als 17-Jähriger in seinem Abituraufsatz: »Die Erfahrung preist den als den Glücklichsten, der die meisten glücklich gemacht (…) Wenn wir den Stand gewählt, in dem wir am meisten für die Menschheit wirken können, dann können uns Lasten nicht niederbeugen, weil sie nur Opfer für alle sind; dann genießen wir keine arme, eingeschränkte, egoistische Freude, sondern unser Glück gehört Millionen …«[5]

Tatsächlich ist *purer Eigennutz* für das eigene Glück in der Regel nicht *nützlich*, sondern eher *schädlich* – nicht bloß, weil Egoisten meist unbeliebt sind, sondern auch, weil für uns »geborene Teamplayer« die *größte Erfüllung des Eigennutzes* in seiner *Ausdehnung auf andere* liegt. Wenn du dich für eine intakte Natur, für Tierrechte, eine gerechtere Weltwirtschaft oder eine bessere Versorgung von Flüchtlingen einsetzt, so handelst du nicht bloß ethisch, du tust dir selbst den größten Gefallen. Denn du wirst intuitiv spüren, dass du nicht *umsonst lebst* und auch nicht *umsonst gelebt haben wirst*. Deine Existenz wird *von Bedeutung gewesen sein* – nicht für »Gott«, das Universum und »den ganzen Rest«, wohl aber für einige deiner Artgenossen, die wie du vor der Herausforderung stehen, eine kleine Insel des Sinns in diesem weitgehend sinnleeren Kosmos zu erschaffen.

In diesem bescheidenen Sinne kann dein Leben durchaus eine Bedeutung haben, die *über deinen eigenen Tod hinausweist*, nämlich insofern sich deine Handlungen auf das Leben nachkommender Generationen auswirken. Wir alle stehen hier letztlich vor der (selbstverständlich nicht ursachenfreien) Entscheidung, ob wir einen *positiven oder negativen Fußabdruck in der Welt* hinterlassen werden, das heißt ob wir durch unser Verhalten die Chancen erhöhen oder verringern, dass die Menschen der Zukunft ihr Leben sinnlich genießen, ihre Talente entfalten und zum Wohl der anderen wirken können.[6]

Diese Zukunftsperspektive erklärt auch die Motivation vieler mutiger Männer und Frauen der Geschichte, die wegen ihrer fortschrittlichen Ideen zu Lebzeiten verkannt, verlacht, verfolgt wurden. Sie schöpften ihre Kraft nicht zuletzt aus dem Glauben, dass sich die Menschheit weiterentwickeln werde und sich ihr Einsatz am Ende doch noch gelohnt haben könnte. Albert Einstein hat diese Hoffnung einmal mit ironischem Augenzwinkern zum Ausdruck gebracht: »Liebe Nachwelt! Wenn Ihr nicht gerechter, friedlicher und überhaupt vernünftiger sein werdet, als wir sind bzw. gewesen sind, so soll Euch der Teufel holen.«[7]

Dieser Glaube an eine bessere Zukunft, der den Vordenkerinnen und Vordenkern der Menschheit die

Stärke gab, selbst schlimmste Niederlagen zu verkraften, war erfreulicherweise keine Illusion, sondern hat sich in erstaunlichem Maße bewahrheitet: Wir (und das gilt vor allem für die Bürgerinnen und Bürger der modernen Wissensgesellschaften) stehen heute in fast jeder Hinsicht besser da als die Menschen vergangener Zeiten. Bedauerlicherweise ist dies den meisten nicht bewusst, da sie *für selbstverständlich erachten*, was *alles andere als selbstverständlich ist*, nämlich dass sie die wissenschaftlichen, technischen, medizinischen und rechtlich-politischen Errungenschaften der modernen Zivilisation genießen können, für die unzählige Menschen in der Vergangenheit hart gearbeitet und mitunter sogar ihr Leben gelassen haben.

Vergessen wir nicht, wo die Menschheit noch Anfang des 20. Jahrhunderts stand: Sie wusste noch nichts vom Urknall, von fremden Galaxien und schwarzen Löchern, von den Vorgängen im Atom und in der Sonne, sie ahnte noch nichts von der Bedeutung der DNA, den neuronalen Grundlagen des Bewusstseins und schon gar nichts von den Möglichkeiten des Fernsehens, des Computers oder des Internets. Ihre medizinischen Kenntnisse waren noch so begrenzt, dass schon kleinste Schnittverletzungen den Tod bedeuten konnten, wenn sie sich infizierten. Als Albert Einstein seine ersten Berechnungen zur

Relativitätstheorie durchführte, gab es kaum Demokratien auf der Erde – und die wenigen, die es gab, gewährten den Frauen kein Wahlrecht. Minderheiten wurden gnadenlos verfolgt, Lesben und Schwule diskriminiert, Kinder gezüchtigt, Rassismus und Chauvinismus boomten und der Krieg wurde mit solchem Enthusiasmus begrüßt, als handele es sich um ein internationales Sportereignis.

Angesichts von Trump, Putin, Erdogan & Co., des Syrienkrieges und der vielen ungelösten ökologischen, ökonomischen und sozialen Probleme der Welt mag es verständlich sein, dass viele Menschen pessimistisch in die Zukunft blicken, doch sollte eine solche Stimmungslage den Blick auf die Realität nicht verzerren: Auch wenn viele es partout nicht wahrhaben wollen, zeigen harte empirische Daten glasklar, dass die Menschheit nicht nur in den letzten Jahrhunderten, sondern auch in den letzten Jahrzehnten enorme Fortschritte erzielt hat. Trotz Syrienkrieg leben wir heute in friedlicheren Zeiten als jemals zuvor. Trotz Bevölkerungswachstum hat sich die weltweite Kindersterblichkeit in den letzten zwanzig Jahren ebenso halbiert wie die Zahl der Menschen, die in absoluter Armut leben.[8]

Das heißt natürlich keineswegs, dass wir uns mit dieser Entwicklung zufriedengeben sollten! Wir stehen weiterhin vor der Aufgabe, »alle Verhältnisse umzuwerfen, in denen der Mensch ein erniedrigtes, ein geknechtetes, ein verlassenes, ein verächtliches Wesen ist«, wie es Karl Marx einmal formuliert hat.[9] Allerdings sollten wir uns, wenn wir uns dieser Aufgabe stellen, nicht nur auf die Dinge konzentrieren, die in der Welt noch immer im Argen sind, sondern uns ebenso klar vor Augen führen, wie viel Irrsinn, wie viel Grausamkeit, wie viel Elend die Menschheit auf ihrem Weg durch die Geschichte bereits hinter sich gelassen hat.

Denn nur wenn wir neben dem Leid auch die vielen positiven Entwicklungen wahrnehmen, werden wir – wie wir in der nächsten Lektion sehen werden – jene *brennende Geduld* entwickeln können, die wir so dringend benötigen, um die Übel der Welt zu beseitigen und unser eigenes Leben in den Griff zu bekommen.

Brennende Geduld

»Nur mit *brennender Geduld* werden wir die strahlende Stadt erobern, die allen Menschen Licht, Gerechtigkeit und Würde schenken wird«, sagte der chilenische Dichter Pablo Neruda, als er 1971 den Nobelpreis für Literatur entgegennahm.[1] Die merkwürdige Kombination von »brennend« und »Geduld« klingt zunächst wie ein Widerspruch, verweist aber auf ein grundlegendes Problem der menschlichen Existenz. Denn wir laufen stets Gefahr, die Balance zu verlieren: Einerseits müssen wir genügend *Geduld* aufbringen, um Rückschläge verkraften zu können, andererseits dürfen wir nicht *so duldsam* sein, dass alles beim Alten bleibt.

Wenn du vom Leben *zu viel zu schnell* erwartest, wirst du sehr bald *ausgebrannt* sein und voreilig resignieren, wenn sich die Dinge nicht so entwickeln, wie du es dir erhofft hast. Fährst du hingegen auf *Sparflamme*, so wirst du nichts verändern, sondern auch das noch hinnehmen, was du gar nicht hinnehmen müsstest. Um dein Leben zu meistern, brauchst du daher eine besondere Art von Geduld, die nicht träge, kraftlos, mutlos daherkommt, sondern drängend, fordernd, zielgerichtet, eben: »brennend«.

Brennende Geduld verlangt Geschichtsbewusstsein: Bist du im Hier und Jetzt gefangen, wirst du nicht wertschätzen können, was dir heute im Vergleich zu früheren Menschen an Gutem widerfährt, sondern dich mit kindlicher Naivität darüber empören, dass nicht alles perfekt läuft. Erweiterst du deinen Zeithorizont, wirst du verstehen, dass es unter den gegebenen Bedingungen gar nicht perfekt laufen *kann*. Denn der Welt ergeht es nicht anders als dir selbst: Sie kann nicht *besser sein*, als sie *ist*. Sie wird auch niemals *perfekt* sein, aber: Sie kann sich mit der Zeit durchaus *zum Besseren hin entwickeln*.

Wenn du die großen Entwicklungslinien verfolgst, die von der Vergangenheit in die Gegenwart und Zukunft laufen, wirst du, sofern du etwas genauer hinschaust, eine *hoffnungsvolle Wahrheit* entdecken, nämlich »dass sich zwar nicht alles, aber doch vieles mit der Zeit zum Besseren wenden kann«, wie es der Zukunftsforscher Robert Jungk (dem ich meine erste Unterweisung in »brennender Geduld« verdanke) einmal formuliert hat.[2] Statt dich also moralisch über den Zustand der Welt zu empören, die notwendigerweise so ist, wie sie ist, solltest du dich fragen, welchen Beitrag du selbst leisten könntest, um ihre *Entwicklung zum Besseren* wahrscheinlicher zu machen.

Genau an diesem Punkt zeigt sich ein wesentlicher Unterschied zwischen der Herangehensweise der *Moral* und der Herangehensweise der *Ethik* (siehe Lektion 5): Moralisten denken nämlich *problemorientiert*, Ethiker hingegen *lösungsorientiert*. Die einen beschäftigen sich mit den Übeln der Welt, die anderen mit den Möglichkeiten, sie zu beseitigen. Während Moralisten sich an dem vermeintlichen Gegensatz von »Gut« und »Böse« berauschen, aus dem sie einen beträchtlichen Teil ihres Selbstwertgefühls ziehen (wir erinnern uns: ihr *Vergeltungs*bedürfnis entspringt ihrem *Geltungs*bedürfnis), verzichten Ethiker darauf, sich selbst durch die Abwertung anderer aufzuwerten, und suchen nach Problemlösungen, die die Interessen aller Betroffenen fair berücksichtigen.

Diese nüchterne ethische Herangehensweise ist nicht nur im *politischen Kontext* sinnvoll, da sie die Konflikte löst, die Moralisten zur Eskalation bringen, sie ist auch im *privaten Leben* mit großen Vorteilen verbunden: Denn du wirst dein Leben schwerlich in den Griff bekommen, wenn du dich auf das *Negative* konzentrierst, das dir widerfährt. Konzentriere dich stattdessen auf das *Positive*, auf die Möglichkeiten, die dir offenstehen, um die Übel, die dich belasten, zu beseitigen oder besser ertragen zu können.

Es gibt Menschen, denen es aufgrund ihrer Hirnchemie besonders schwerfällt, Licht am Ende des Tunnels zu sehen. Allerdings ist es sehr wohl möglich, diese *Fähigkeit zum positiven Denken* zu trainieren. Damit meine ich selbstverständlich nicht jene Art des »positiven Denkens«, die uns in esoterischen Lebensratgebern nach dem Motto »Wünsch dir was vom Universum – und es wird in Erfüllung gehen!« anempfohlen wird.[3] Es geht hier nicht darum, rosarote Wolkenkuckucksheime zurechtzuzimmern, die uns in die Irre führen. Im Gegenteil: Wir sollten uns bemühen, eine möglichst *realistische, rationale und faktenbasierte Sicht der Welt* zu entwickeln und über sie zu einer *positiven Lebenseinstellung* zu gelangen.

Man kann diese positiv-realistische Einstellung wohl am besten mit zwei einfachen Handlungsmaximen beschreiben. Die erste Maxime lautet: *Rechne mit dem Schlimmsten, aber hoffe auf das Beste!* Viele Menschen belasten sich mit Negativszenarien, die selbst dann, wenn sie nicht eintreffen, erheblichen Stress verursachen (etwa, wenn man bei jedem Wehwehchen eine tödliche Krebserkrankung befürchtet). Besser ist es, wenn du in jeder Situation zunächst einmal ein *positives Ergebnis erwartest*, da dies nicht nur mit angenehmeren Gefühlen verbunden ist, sondern dich auch stärker motiviert, deine Ziele zu erreichen.

Sei aber *gefasst*, wenn das Ergebnis negativ ausfallen sollte und dir ein schwerwiegendes Übel widerfährt. Denn auch dann solltest du versuchen, *das Beste aus deiner Lage zu machen* – entweder indem du daran arbeitest, das Übel zu überwinden, oder indem du lernst, es besser zu ertragen. Hierauf bezieht sich auch die zweite Maxime: *Ertrage, was du nicht verändern kannst, aber verändere, was du nicht ertragen musst!*

Wir haben in diesem Buch bereits einige Techniken erörtert, die dir helfen könnten, mit den unabänderlichen Widrigkeiten des Lebens besser zurechtzukommen. Denk etwa an die alte Weisheit der Stoiker (Lektion 1), die besagt, dass du dich nicht an vergängliche Eigenschaften wie Schönheit, Sportlichkeit, sexuelle Attraktivität oder intellektuelle Brillanz klammern solltest, da du damit rechnen musst, dass sie dir im Laufe deines Lebens abhandenkommen werden. Verzweifle also nicht, wenn sie dir verloren gehen, sondern genieße sie, solange du über sie verfügst!

Das Gleiche gilt für die Menschen, die du liebst, und von denen du dich auf deinem Lebensweg verabschieden musst. Den Trennungsschmerz wird dir niemand nehmen können, aber mach dir bewusst, dass es niemandem helfen wird, wenn du dich in dein Leid vergräbst, so schrecklich der Verlust auch immer sein mag. Sei vielmehr dankbar für die Momente, die dir mit deinen Liebsten vergönnt waren, und halte ihr Leben in Erinnerung, wie es Linda und Peter Biehl mit ihrer Tochter Amy getan haben (Lektion 4).

Sicherlich wirst auch du in deinem Leben immer wieder Ungerechtigkeiten erfahren und es wird dir nicht alles gelingen, was du versuchst. Auch dies gehört zu den unvermeidlichen Widrigkeiten des Lebens. Aber wenn du gelernt hast, *dir selbst und anderen zu vergeben* (Lektionen 3 und 4), wird es dir leichter fallen, diese negativen Erfahrungen zu überwinden und dich mit ganzer Kraft der Zukunft zuzuwenden.

Allerdings hat auch das seine Zeit, denn irgendwann wird es auch für dich keine Zukunft mehr geben, irgendwann wirst auch du sterben müssen! Je eher du dich mit dieser unumstößlichen Tatsache abfindest, desto weniger wirst du unter ihr leiden. Die Einsteinsche Perspektive kann dir auch dabei von großer Hilfe sein (siehe Lektion 6), denn der finale *Abschied von allem für immer* wird einfacher, wenn du dich von der Illusion des grandiosen Ichs befreit hast und dich selbst nicht mehr »gar zu ernst« nimmst.

Der wichtigste Beitrag, den die Einsteinsche Sichtweise zur Kunst des Sterbens, der *Ars moriendi*, leistet, besteht sicherlich darin, dass sie es uns ermöglicht, *ohne Schuldgefühle* von der Bühne des Lebens abzutreten. Denn wenn du das Gesetz der Kausalität verinnerlicht hast, wirst du am Ende deiner Tage wissen, dass du nur *das* Leben *führen konntest*, dass du unter den gegebenen Bedingungen *führen musstest*. Du wirst in dem Bewusstsein sterben können, dass du unter Wahrung der Naturgesetze weder erfolgreicher noch erfolgloser, weder freundlicher noch unfreundlicher, weder glücklicher noch unglücklicher sein konntest – eine Einsicht, die mit großer Erleichterung einhergeht, denn sie verhindert die schweren Selbstvorwürfe, unter denen viele Menschen am Ende ihres Lebens leiden.

Der Abschied vom *Prinzip der alternativen Möglichkeiten (PAM)* bietet in diesem Zusammenhang noch einen anderen Vorteil: Wie wir gesehen haben (Lektion 4), führt die *moralische Unterstellung,* dass es *alternative Möglichkeiten* gegeben hätte, unter denen wir ein bestimmtes Leid gar nicht hätten erfahren müssen, zu einer *weiteren Verstärkung* des Leids. Betrachten wir ein Übel hingegen als *natürlich gegeben* (das heißt als Ausdruck des universellen Kausalgefüges der Natur), so entgehen wir dieser Leidverstärkung.

Nun reagieren viele Menschen auf eine tödliche Erkrankung seltsamerweise so, *als ob* für sie die *alter-*

native Möglichkeit existiert hätte, von dieser Erkrankung *verschont zu bleiben.* Daher hadern sie mit ihrem Schicksal, mit sich selbst, mit ihrer Familie, mit »Gott«, und fragen sich, was sie denn bloß verbrochen haben, dass es *ausgerechnet sie* getroffen hat – wobei sie völlig ignorieren, dass es *jeden von uns* mit tödlicher Sicherheit treffen muss. Die merkwürdige Vorstellung, dass man den Tod irgendwie hätte austricksen können, wenn man X getan oder Y unterlassen hätte, führt dazu, dass man sich mit der Tatsache des Todes nicht abfinden kann, sondern verzweifelt gegen ein Übel aufbegehrt, das unabänderlich ist.

Verstehst du hingegen, dass sich hinter der unaufhaltsamen Tatsache deines Todes weder ein tieferer Sinn noch eine geheimnisvolle Fügung verbirgt, sondern bloß das *blinde Walten von Zufall und Notwendigkeit* in der Natur, so wird es dir leichter fallen, deinem Ende mit Gelassenheit entgegenzutreten. Mehr noch: Vielleicht wirst du sogar erkennen, dass du selbst dem vermeintlich *größten Übel*, dem Tod, etwas *Positives* abgewinnen kannst: Denn die Gewissheit des Todes bedeutet nicht nur, dass du *Abschied nehmen musst* von allem, was dir lieb und teuer ist, sondern auch, dass du *Abschied nehmen kannst* von allem, was für dich unerträglich geworden ist.

Insofern solltest du dir klarmachen, dass du in

deinem Leben niemals in eine wirklich *ausweglose Situation* geraten kannst, denn der Tod *ist und bleibt* der *ultimative Ausweg* in jeder noch so ausweglos erscheinenden Situation. Natürlich solltest du diesen *Notausgang* nur wählen, wenn du dir *absolut (!) sicher bist*, dass es *keine anderen Möglichkeiten* mehr gibt. Schließlich ist das Leben das *kostbarste Gut auf Erden* – es ohne triftige Gründe (etwa infolge einer vorübergehenden depressiven Verstimmung) aufzugeben, wäre ein schrecklicher Fehler, den du nie wieder korrigieren könntest.

Dennoch ist festzuhalten: *Niemand auf der Welt kann und darf dir abverlangen, Unerträgliches zu ertragen!* Über deinen eigenen Tod bestimmen zu können, ist das *letzte Menschenrecht*, das dir niemand verwehren darf – auch wenn halsstarrige Moralisten den »freien Tod« ähnlich scharf bekämpfen wie die »freie Liebe«. Sollte also tatsächlich irgendwann einmal dein Leid unerträglich werden, sollte es wirklich keine Heilmittel oder Narkotika geben, die dir deine Schmerzen nehmen könnten, so verzweifle nicht, sondern denke daran, dass du noch immer eine *letzte Trumpfkarte in der Hand* hältst, nämlich den Joker eines *sanften Todes*, der dich für immer von allem Leid erlösen wird.

Der Tod ist, wie gesagt, das allerletzte Mittel, das dir *bleibt*, wenn dir ansonsten *nichts mehr bleibt*. In der Regel stehen dir aber glücklicherweise *weit bessere Wege* zur Verfügung, um etwaigen Übeln zu entgehen. Nicht ohne Grund trägst du ja ein solch ressourcenintensives Hirn mit dir herum, das in jedem Moment deines Lebens nach besseren Problemlösungen sucht (siehe Lektion 2). Das klappt in der Regel auch ganz gut, schwierig wird es jedoch immer dann, wenn dein Gehirn in den *moralischen Modus* schaltet und sich an der »Schlechtigkeit der Welt« berauscht.

Daher mein Rat: Lass dich nicht anstecken von der *moralischen Hysterie der Empörten*, die überall nur »Tod und Verderben« sehen, weil sie nur so ihre innere Not abarbeiten können! Ihre *Lust am Untergang* resultiert nicht zuletzt aus einem tief sitzenden moralischen Bedürfnis, die »Sünder« zu bestrafen beziehungsweise selbst als »Sünder« bestraft zu werden. Die unablässige Aufregung über die »Schlechtigkeit der Welt« verleiht ihrer eigenen Existenz *Bedeutung*, weshalb sie im Grunde ihres Herzens gar kein Interesse daran haben, die Übel zu beseitigen. Lass dich davon nicht verunsichern, sondern versuche, die moralische Verkrampfung zu lösen! Zieh das Büßerhemd aus und entspann dich, indem du dir klarmachst: *Die Welt wird ganz gewiss nicht untergehen, nur weil du X tust oder Y unterlässt!*

Das heißt keineswegs, dass jede Handlung ethisch legitim wäre, aber bevor du darüber urteilst, solltest du dir vor Augen führen, dass keiner von uns »schuldig« ist am Zustand der Welt. Mach dir bewusst, dass weit mehr als 90 Prozent der irdischen Arten bereits ausgestorben waren, bevor *Homo sapiens* entstand, und dass niemand von uns etwas dafür kann, dass sich unsere Sonne zu einem Roten Riesen entwickeln und dabei zwangsläufig alles Leben auf der Erde vernichten wird.[4] (Falls »Gott« existieren sollte, interessiert er sich offenkundig einen feuchten Kehricht für die »Bewahrung der Schöpfung«, denn ansonsten hätte er die Parameter des Kernfusionsreaktors »Sonne« etwas *zukunftsfähiger* eingestellt.)

Worauf ich hinauswill: Die »Vermoralisierung der Welt«, von der Nietzsche gesprochen hat (siehe Lektion 5), beginnt schon in dem Moment, in dem wir die Natur zu einem *heilen Ort* verklären und den Menschen zum *frevelhaften Sünder* abstempeln. Denn in Wahrheit ist die Natur nicht »gut« und der Mensch nicht »böse«. Schon die Trennung von Mensch und Natur ist Ausdruck einer moralischen Bewusstseinstrübung, schließlich stehen wir weder *über* noch *unter* der Natur, sondern sind ein *Teil* von ihr.

Moralisten begehen hier einen grundlegenden Fehler: Sie erwarten *Engel*, treffen auf *Menschen* und sehen in ihnen *Teufel*. Ein realistischerer, moralinfreier Blick auf unsere Spezies sollte verhindern, dass du in die gleiche Falle tappst. Letztlich versuchen wir doch alle bloß, *mit dem Leben irgendwie zurechtzukommen*! Das gelingt wohl dem einen besser und dem anderen schlechter, aber niemand von uns ist auch nur im Entferntesten dazu in der Lage, *Naturgesetze zu überschreiten* und sich *ursachenfrei*, unabhängig von seinen Anlagen und Erfahrungen, für das *eine* oder das *andere* zu entscheiden.

Wie gesagt: Das bedeutet mitnichten, dass wir keine Verantwortung für unser Handeln übernehmen sollten (ganz im Gegenteil!), aber ich rate dir dringend, den *moralischen Schleier* abzunehmen, der den Blick auf die Realität trübt. Denn nur unter *dieser* Voraussetzung wirst du die Probleme der Welt so wahrnehmen können, wie sie *tatsächlich* sind,[5] statt sie auf ein Format *zurechtzubiegen*, das deinen moralischen Erwartungen entspricht (siehe Lektion 5). Nur so wirst du fähig sein, »heiße Eisen« mit kühlem Verstand zu behandeln und unterschiedliche Sichtweisen unvoreingenommen gegeneinander abzuwägen. Und nur so wirst du auch realistisch einschätzen können, was du in der kurzen Spanne deiner Existenz auf diesem kleinen, blauen Planeten am Rande der Milchstraße bewirken kannst und was völlig jenseits deiner Möglichkeiten liegt.

Fakt ist: So manches, was du in deinem Leben anpackst, wirst du nicht beenden können, und vieles, was du dir erhoffst, wird zu deinen Lebzeiten nicht eintreffen. Aber das sollte dich nicht daran hindern, im Hier und Jetzt sinnvolle Veränderungen anzustoßen. Denn genau dies kann deinem Leben einen Sinn verleihen, der über deinen eigenen Tod hinausweist (siehe Lektion 7). Hierauf hat auch Robert Jungk im letzten Satz seiner Autobiografie hingewiesen: »Das eigene Ende ist unvermeidlich, aber von jedem kreativen, aktiven Menschen geht ein Anstoß aus, der auf unvorhersehbare Weise in die Zukunft weitergeleitet wird.«[6]

Die Menschheit hat in ihrer Entwicklung Erstaunliches zuwege gebracht, seit sie vor wenigen Jahrtausenden die Höhlen verlassen hat.[7] Vor allem in den letzten fünfzig Jahren hat sie Fortschritte erzielt, die kaum jemand für möglich gehalten hätte. Wie es in den nächsten fünfzig, hundert oder tausend Jahren weitergehen wird, weiß natürlich niemand, aber es wäre schon ziemlich anmaßend, wenn wir annehmen würden, dass ausgerechnet *wir*, die Menschen des ersten Drittels des 21. Jahrhunderts, den Höhepunkt der menschlichen Kulturentwicklung darstellen! Sehr viel realistischer ist es, davon auszugehen, dass künftige Generationen mit der Zeit ein wissenschaftliches, technisches und ethisches Niveau erreichen werden, das wir uns nicht einmal ansatzweise vorstellen können.[8]

Natürlich würden wir es alle begrüßen, wenn der Fortschritt *schneller vonstattengehen würde*, wenn es schon sehr bald weniger Leid und mehr Freude auf diesem Erdball gäbe, wenn schon heute niemand mehr unter Krieg, Armut, Ausbeutung oder Umweltzerstörung leiden würde, wenn jeder Mensch seine Talente entfalten könnte und irrational agierende Politiker keine Anhänger mehr fänden. Aber *große Veränderungen benötigen Zeit*, sie geschehen nicht von heute auf morgen. Deshalb braucht es Menschen, die diese Veränderungen mit *brennender Geduld* vorantreiben, die sich von Rückschlägen nicht verunsichern lassen und sich damit abfinden, dass sie selbst so manche Verbesserung, die sie mit angestoßen haben, nicht mehr erleben werden.

Brennende Geduld wirst du sicherlich auch benötigen, wenn du die in diesem Buch geschilderte Einsteinsche Perspektive in deinem Alltag umsetzen willst. Denn auch dabei wirst du vermutlich immer wieder Rückschläge erleben. So sehr du dich auch bemühen magst, wahrscheinlich wirst du häufiger mal in *alte Wahrnehmungsmuster* zurückfallen: Es wird dir immer wieder passieren, dass du dich selbst entweder zu groß oder zu klein machst, dass du von Stolz- oder Minderwertigkeitsgefühlen heimgesucht wirst, dass du berechtigte Kritik nicht als Geschenk annehmen kannst, sondern als Fake News verwirfst, dass du dich moralisch über andere empörst, Gerechtigkeit mit Selbstgerechtigkeit verwechselst und das unendlich große Universum auf Liliputgröße herunterrechnest, um dich darin als »Scheinriese« erleben zu können.

Wenn dies geschieht, verzweifle nicht, sondern übe *Nachsicht* mit dir selbst! Immerhin weißt du ja, dass *du nicht besser sein kannst, als du bist*. Zudem ist es wahrlich keine leichte Übung, mit einem *virtuellen 50-Bit-Bewusstseinstheater* gegen die vielen Millionen Bits an Information anzukämpfen, die dir als Mitglied dieser Gesellschaft, die noch immer von hochmoralischen Schuld- und Sühnekomplexen geprägt ist, von Kindesbeinen an eingeimpft wurden.

Jedoch: Wenn du dich selbst nicht überforderst und mit brennender Geduld daran arbeitest, deinen Realitätssinn zu schulen, das Prinzip der alternativen Möglichkeiten hinter dir zu lassen und dich von der Illusion des »grandiosen Selbst« zu verabschieden, so wirst du, wie ich hoffe, mit der Zeit eine *neue Leichtigkeit des Seins* erfahren und die Welt in einer sehr viel *entspannteren, gelasseneren und humorvolleren Weise* wahrnehmen. Du wirst zunehmend in der Lage sein, zu vergeben statt zu vergelten, und Kritik als Geschenk zu begrüßen, statt vor ihr zu flüchten. Du wirst den Sinn deines Lebens *sinnlich erfahren*, statt ihn *übersinnlich herbeizuhalluzinieren*, und eine *tiefere Verbindung zur Natur* spüren, da du den lächerlichen Versuch aufgegeben hast, dich *über sie* zu erheben.

Du wirst nicht nur die *Angst vor dem Versagen* verlieren, da du niemandem mehr beweisen musst, wie »großartig« du bist, sondern auch die *Angst vor dem Tod*, da du erkannt hast, dass du dieses »virtuelle Ich«, das von einem blumenkohlförmigen Organ in deinem Kopf inszeniert wird, nicht mehr »gar zu ernst« nehmen solltest. Je mehr du dabei lernst, von deinem *eigenen Selbst zu lassen*, desto eher wirst du ein *gelassenes Selbst* entwickeln. Und mit der Zeit wirst du immer größeren Gefallen daran finden, der zu *werden*, der du *sein könntest* – statt dich dafür schuldig zu fühlen, der zu *sein*, der du *bist*.

Liebe Leserin, lieber Leser,

damit sind wir nun am Ende dieses Buches angekommen. Ich hoffe, du hast die Lektüre nicht als Zeitverschwendung, sondern als Bereicherung empfunden. Natürlich weiß ich nicht, ob die Argumente, die ich vorgebracht habe, *für dich* wertvoll waren. *Mir persönlich* haben sie jedenfalls geholfen, eine heitere, gelassenere Lebenseinstellung zu entwickeln. Vielleicht hätte ich die Einstein'sche Perspektive auch noch einen Tick *klarer, präziser, lebendiger* schildern müssen, damit sie dir einleuchtet. Doch leider war ich dazu nicht in der Lage. Wenn du den Grundgedanken dieses Buches begriffen hast, wirst du mir diese Schwäche sicherlich verzeihen können. Denn dann weißt du ja, dass ich mit meinem kleinen, bescheidenen *50-Bit-Bewusstsein* nur exakt *den* Text *verfassen konnte*, den ich unter den gegebenen Bedingungen *verfassen musste*. Auch Philosophen können nicht besser sein, als sie sind.

Anmerkungen

Vorwort: Die neue Leichtigkeit des Seins

1 Michael Schmidt-Salomon: *Jenseits von Gut und Böse. Warum wir ohne Moral die besseren Menschen sind.* München 2009.

2 Ich habe mich lange davor gescheut, dieser Bitte nachzukommen. Denn ich wollte unter gar keinen Umständen ein Buch veröffentlichen, das als Beitrag zum ausufernden Markt der esoterischen »Lebenshilfe-Literatur« hätte missverstanden werden können. Also zog ich Buchprojekte vor, die einen solchen Verdacht gar nicht erst aufkommen ließen: Ich kritisierte die Auswüchse der menschlichen »Schwarmdummheit« in *Keine Macht den Doofen*, pries die kulturelle Entwicklung unserer Spezies in *Hoffnung Mensch* und verteidigte die »offene Gesellschaft« gegen ihre Feinde in *Die Grenzen der Toleranz*. All diese Themen waren zweifellos wichtig, leider aber ging dabei ein wesentliches Element meiner Philosophie unter. Denn der »evolutionäre Humanismus«, den ich vertrete, befasst sich nicht nur mit gesellschaftlichen Problemen, er hat auch einen tieferen, *existenziellen Gehalt*, der den *Kern unseres Menschseins* berührt.

3 Schopenhauers Hauptwerk *Die Welt als Wille und Vorstellung* umfasst vier dicke Teilbände, nämlich die Bände eins bis vier der Zürcher Ausgabe (Arthur Schopenhauer: *Werke in zehn Bänden*. Zürich 1977). Gegenüber den mehr als 1400 Seiten seines Hauptwerks wirken die rund 200 Seiten seiner *Aphorismen zur Lebensweisheit* (Schopenhauer, *Werke in zehn Bänden*, Bd. VIII) ausgesprochen kompakt.

4 Ich habe die Grundgedanken dieser speziellen Weltsicht bereits in einem 1995 veröffentlichten Aufsatz formuliert (siehe Michael Schmidt-Salomon: »Können wir wollen, was wir wollen? Unzeitgemäßes zur Theorie der Willensfreiheit«. In: *Aufklärung und Kritik* 2/1995). Später führte ich diese Überlegungen nicht nur in *Jenseits von Gut und Böse* (2009) aus, sondern auch in *Leibniz war kein Butterkeks* (2011), einem Buch, in dem ich zusammen mit meiner Tochter Lea den Versuch unternahm, die »großen und kleinen Fragen der Philosophie« auf eine möglichst einfache, verständliche Weise zu beantworten. Auch in *Hoffnung Mensch – Eine bessere Welt ist möglich* (2014) und in *Die Grenzen der Toleranz – Warum wir die offene Gesellschaft verteidigen müssen* (2016) tauchten Aspekte dieses Themas auf, sie standen dort jedoch nicht im Fokus der Darstellung. Ich werde im vorliegenden Buch immer wieder auf Formulierungen aus diesen früheren Veröffentlichungen zurückgreifen – auch ohne dies an jeder Stelle explizit auszuweisen.

5 Der Vers »Homo sum, humani nihil a me alienum puto« stammt aus der Komödie *Heauton Timorumenos* (»Der Selbstquäler«) des römischen Dichters *Terenz* (195–159 v. u. Z.). Er wurde schon in der Antike häufig zitiert, u. a. von den römischen Philosophen und Politikern *Cicero*

(106–43) und *Seneca* (1–65). Es wurde berichtet, dass das Publikum bei Darbietungen des Stücks nach dem Vers regelmäßig klatschte, was zeigt, dass die Menschen vor 2000 Jahren ähnlich empathische Empfindungen hatten wie wir Heutigen – auch wenn sich dies im meist rauen politischen Alltag der damaligen Zeit kaum niederschlagen konnte.

6 Siehe Albert Einstein: *Mein Weltbild*. Berlin 2017, S. 9 f. Wie wichtig Einstein diese Einschätzung war, zeigt sich darin, dass er sie gleich im zweiten Abschnitt seines 1930 entstandenen Aufsatzes »Wie ich die Welt sehe« formulierte. Mit dem Artikel beginnt auch die berühmte, von Carl Seelig herausgegebene Einstein-Anthologie *Mein Weltbild*. Der Sammelband mit Einsteins grundlegenden Gedanken über »Gott und die Welt« erschien erstmals 1934, also ein Jahr nach der Machtübernahme der Nationalsozialisten. In den 1950er-Jahren kam eine erweiterte Fassung auf den Markt, die seither in verschiedenen Verlagen immer wieder neu aufgelegt wurde. 2017 brachte der Ullstein Verlag die oben zitierte 34. Auflage dieses Longsellers heraus, der mich persönlich seit meinem 16. Lebensjahr begleitet und inspiriert.

Lektion 1: Die Lotterie des Lebens

1 Vgl. Heiko Ernst: *Wie uns der Teufel reitet. Von der Aktualität der 7 Todsünden*. Berlin 2006, S. 37 ff.
2 Vgl. hierzu u. a. Massimo Pigliucci: *Die Weisheit der Stoiker. Ein philosophischer Leitfaden für stürmische Zeiten*. München 2018.
3 Dies hat Peter Kropotkin bereits vor einem Jahrhundert

betont, vgl. Peter Kropotkin: *Ethik. Ursprung und Entwicklung der Sitten*. Aschaffenburg 2013.

4 Dies gilt nicht zuletzt auch für den Mann, auf den sich die Vertreter des Arguments der evolutionären Konkurrenz in letzter Instanz beziehen, *Charles Darwin*. Darwin, der die Biologie fast im Alleingang revolutionierte, trat stets mit äußerster Zurückhaltung auf. Auch *Albert Einstein*, dem das Gleiche auf dem Gebiet der Physik gelang, zeigte sich im Umgang mit seinen Mitmenschen meist bescheiden – auch wenn er seine intellektuelle Überlegenheit mitunter mit bösem Sarkasmus gegenüber »Autoritäten« ausspielte, deren *Arroganz* nur noch von ihrer *Inkompetenz* übertroffen wurde. Die Eigenarten dieser beiden Vordenker des modernen Weltbildes hat Jürgen Neffe in seinen Biografien eindrucksvoll geschildert, siehe Jürgen Neffe: *Einstein. Eine Biografie*. Reinbek 2006; sowie Jürgen Neffe: *Darwin. Das Abenteuer des Lebens*. München 2008.

5 Vgl. Michael Schmidt-Salomon: *Auf dem Weg zur Einheit des Wissens. Die Evolution der Evolutionstheorie und die Gefahren von Biologismus und Kulturismus*. Aschaffenburg 2007.

6 Auf diesen Zusammenhang hat vor allem der humanistische Sozialpsychologe *Erich Fromm* hingewiesen, siehe hierzu u. a. seinen Bestseller *Haben oder Sein. Die seelischen Grundlagen einer neuen Gesellschaft*. In: Erich Fromm: *Gesamtausgabe*. Herausgegeben von Rainer Funk. München 1989, Bd. II.

7 So Thomas Edison in seiner Dankesrede zur Verleihung der »Special-Congressional-Medal«, eine der höchsten Auszeichnungen der *Vereinigten Staaten*, am 20. Oktober 1928, über welche die *New York Times* am darauffolgen-

den Tag berichtete. Auf die bemerkenswerte Biografie Edisons gehe ich ausführlicher ein in *Leibniz war kein Butterkeks*, S. 175 ff.

Lektion 2: Ein virtuelles Theaterstück

1 Arthur Schopenhauer: *Preisschrift über die Freiheit des Willens*. In: Schopenhauer, *Werke in zehn Bänden*, Bd. VI, S. 84.

2 Aus diesem Dilemma kommt man auch nicht dadurch heraus, dass man *dem Zufall* eine bedeutende Rolle bei der Entstehung unserer Willensbestrebungen einräumt. Denn ein *bloß zufälliger Wille* wäre keineswegs ein »freier Wille«, sondern eben ein *durch Zufall bestimmter Wille*. Wie die abschließenden Bemerkungen des ersten Kapitels gezeigt haben, messe ich dem Zufall durchaus eine bedeutende Rolle in unserem Leben zu. Insgesamt können wir jedoch froh sein, dass unsere Willensbestrebungen nicht allein durch Zufälle bestimmt sind (insbesondere nicht durch sogenannte »absolute Zufälle« auf Quantenebene), denn ansonsten wären echte Lernerfahrungen (Ursache-Wirkung-Kausalitäten in unserem Hirn) gar nicht möglich. Zur Vereinfachung verwende ich in diesem Buch einen erweiterten Ursachenbegriff, der neben kausalen Notwendigkeiten *Zufälle jeglicher Art* einschließt, also nicht bloß *zufällige Ursachen*, sondern auch den *Zufall als Ursache* für Wirkungen in dieser Welt.

3 Vgl. hierzu auch Thomas Metzinger: *Der Ego-Tunnel. Eine neue Philosophie des Selbst: Von der Hirnforschung zur Bewusstseinsphilosophie*. München 2014.

4 Vgl. Michael Pauen: *Illusion Freiheit? Mögliche und un-mögliche Konsequenzen der Hirnforschung*. Frankfurt am Main 2004, S. 107.

5 Eduard Kohlrausch: »Der Kampf der Kriminalistenschu-len im Lichte des Falles Dippold.« In: *Monatsschrift für Kriminalpsychologie und Strafrechtsreform*, 1/1905, S. 20.

6 Siehe Schmidt-Salomon, *Jenseits von Gut und Böse*, S. 124 ff.

7 Vgl. Sigmund Freud: *Vorlesungen zur Einführung in die Psychoanalyse*. In: Sigmund Freud: *Studienausgabe*. Frankfurt am Main 1969, Bd. 1, S. 283 f.

8 Vgl. hierzu u. a. Bas Kast: *Wie der Bauch dem Kopf beim Denken hilft. Die Kraft der Intuition*. Frankfurt am Main 2007, S. 74 f.

9 Charles Darwin: »*Nichts ist beständiger als der Wandel*«: *Briefe 1822–1859*. Herausgegeben von Frederick Burk-hardt. Frankfurt am Main 2008.

10 Zugegeben: Es bleibt *denkmöglich*, dass unser Leben in all seinen Facetten *vorbestimmt* ist. Ebenso ist es *denk-möglich*, dass wir gar nicht real existieren, sondern bloß *simulierte Charaktere* in einer komplexen Matrix sind, deren Dimensionen wir nicht einmal ansatzweise ver-stehen. Allerdings sind solche Vorstellungen nicht un-bedingt *elegant* (sie setzen viele komplexe Annahmen voraus, die man mit »Ockhams Rasiermesser« weg-schneiden müsste) – und sie erhöhen auch nicht gerade die *subjektive Lebensqualität*, weshalb ein Gehirn, das *nur das Beste* für seinen Träger will, von derartigen Ideen Abstand nehmen sollte.

11 Das Besondere des Gehirns besteht darin, dass es nicht nur seine Software, sondern gleichzeitig auch seine Hardware verändert. Die Hirnforschung spricht in die-sem Zusammenhang von »neuronaler Plastizität«.

12 »Ein Kopf denkt nie allein«, lautete ein Aphorismus meines (2014 verstorbenen) Freundes Karlheinz Deschner (siehe u. a. Karlheinz Deschner: *Auf hohlen Köpfen ist gut trommeln. Aphorismen.* Basel 2017, S. 9), mit dem ich mich häufig über die Frage der Willens(un)freiheit unterhalten habe. Karlheinz war auch einer der ersten Leser meines Buches *Jenseits von Gut und Böse,* worauf er in seiner wohl letzten öffentlichen Rede (2010 in Baden, Schweiz) einging, siehe Karlheinz Deschner: *Was ich denke. Schriften zu Philosophie und Weltanschauung.* Aschaffenburg 2018, S. 249 f.

Lektion 3: Die Kunst der Vergebung (I)

1 Vgl. Freud, *Vorlesungen zur Einführung in die Psychoanalyse,* S. 283 f.
2 Einstein, *Mein Weltbild,* S. 9 f.
3 Vgl. hierzu auch meine kurze Analyse des Trumpschen Wahlerfolgs: Michael Schmidt-Salomon: »Die offene Gesellschaft steht auf dem Spiel.« In: Piper Verlag (Hg.): *Wir haben die Wahl. Warum wir gerade jetzt für unsere Freiheit einstehen sollten.* München 2017.
4 Edison bezeichnete sich selbst als »Haeckelianer«, also als Anhänger von Darwins Mitstreiter Ernst Haeckel, der in seinem 1899 erschienenen Buch »Die Welträtsel« den »freien Willen« als Illusion entlarvt hatte.
5 In diesem Punkt hatten Marx und Freud verglichen mit Darwin und Einstein durchaus Defizite, weshalb sie sehr viel stärker dazu neigten, ihre eigenen Positionen zu dogmatisieren und selbst dort recht behalten zu wollen, wo sie nachweislich im Unrecht waren.

6 Der Begriff *Philosophie* stammt vom altgriechischen Wort *philosophia*, das wörtlich »Liebe zur Weisheit« bedeutet.

Lektion 4: Die Kunst der Vergebung (II)

1 So formulierte es Einstein 1932 für die Spinoza-Gesellschaft der USA, siehe: Alice Calaprice (Hg.): *Einstein sagt. Zitate, Einfälle, Gedanken.* München 1999, S. 177.
2 Vgl. hierzu auch die Darstellung des Falls in Schmidt-Salomon, *Jenseits von Gut und Böse*, S. 272 ff.
3 Vgl. hierzu u. a. Robert D. Enright: *Vergebung als Chance. Neuen Mut fürs Leben finden.* Bern 2006.
4 Eva Mozes Kor/Lisa Rojany Buccieri: *Ich habe den Todesengel überlebt. Ein Mengele-Opfer erzählt.* München 2012, S. 190.
5 Siehe hierzu auch Eva Mozes Kor: *Die Macht des Vergebens.* Wals bei Salzburg 2016.
6 Jochen Buchsteiner: »*Ein Opfer hat das Recht, frei zu sein*« (faz.net, 24.04.2015).
7 Vgl. hierzu u. a. Ronen Steinke: *Fritz Bauer oder Auschwitz vor Gericht.* München 2015.
8 Fritz Bauer ging hierauf vor allem in seinem wegweisenden Aufsatz *Die Schuld im Strafrecht* ein, siehe Fritz Bauer: *Die Humanität der Rechtsordnung: Ausgewählte Schriften.* Frankfurt am Main 1998, S. 249 ff.
9 Roland Freisler zit. nach Fritz Bauer, *Die Humanität der Rechtsordnung*, S. 274.
10 Siehe hierzu auch Michael Schmidt-Salomon: *Fritz Bauers Vermächtnis – die Entnazifizierung des Rechts* (hpd.de, 18.5.2016).

11 Bauer war seiner Zeit in vielem voraus. Es lohnt sich noch immer, seine Texte zu lesen, etwa den Aufsatz *Im Kampf um des Menschen Rechte* von 1955, der einen guten Einblick in sein Menschenbild und Rechtsverständnis gibt, siehe Fritz Bauer, *Die Humanität der Rechtsordnung*, S. 37 ff.

Lektion 5: Ein unmoralisches Angebot

1 Ein typischer Vertreter dieser früheren Sichtweise war Konrad Lorenz, siehe u. a. Konrad Lorenz: *Das sogenannte Böse. Zur Naturgeschichte der Aggression.* Wien 1963.
2 Vgl. hierzu u. a. Eckart Voland: *Soziobiologie. Die Evolution von Kooperation und Konkurrenz.* Heidelberg 2009.
3 Vgl. Volker Sommer: *Darwinisch denken. Horizonte der Evolutionsbiologie.* Stuttgart 2007, S. 42 ff.
4 Vgl. Eckart Voland, *Soziobiologie*, S. 93.
5 Exodus 20,13.
6 Deuteronomium, 7,16–24.
7 Mt 5,43–45. Ähnliche Stellen gibt es vereinzelt schon im *Alten Testament* (etwa im Buch Levitikus 19, 33–34), gegenüber der Vielzahl der Aufforderungen zur Abschlachtung anderer Völker gehen sie aber unter.
8 Mt. 13,41–43.
9 Siehe u. a. die Suren 6,70; 14,16; 22,19 ff.; 47,15 und 78,25.
10 Marwan Abou-Taam/Ruth Bigalke (Hg.): *Die Reden des Osama bin Laden.* Kreuzlingen 2006, S. 138.
11 Vgl. Michael Schmidt-Salomon, *Hoffnung Mensch*, S. 226 ff.

12 Vgl. Eckart Voland: *Soziobiologie*, S. 65 ff.

13 Vgl. hierzu auch Michael Schmidt-Salomon: »Nächstenliebe und Fernstenhass. Lässt sich der moralische Dualismus überwinden?« In: Helmut Fink/Rainer Rosenzweig
(Hg.): *Gehirne zwischen Liebe und Krieg. Menschlichkeit
im Zeitalter der Neurowissenschaften.* Münster 2016.

14 Vgl. »Remembering a Victory For Human Kindness.«
In: *The Washington Post* vom 25.12.2004.

15 Hannah Arendt: *Eichmann in Jerusalem. Ein Bericht von
der Banalität des Bösen.* München 2006 (15. Auflage).

16 Dies betrifft vor allem Einsteins Verhältnis zu seiner ersten Ehefrau Mileva, vgl. Jürgen Neffe, *Einstein*, S. 113 ff.

17 Eine »kritische Reflexion der gelebten Sittlichkeit«, die
am moralischen Konzept von Gut und Böse festhält, be-
zeichne ich dementsprechend nicht als *Ethik*, sondern
als *Moralphilosophie*. Ich bin mir dessen bewusst, dass
die nachfolgende Unterscheidung von Moral und Ethik
dem Sprachgebrauch vieler Philosophen nicht entspricht. Aber ihre Gleichsetzung von Moralphilosophie
und Ethik eliminiert *Unterschiede, die einen Unterschied
machen*, da man für normative Probleme deutlich andere Antworten findet, je nachdem, ob man einen *moralischen* oder einen *amoralisch-ethischen Zugang* wählt.
Übrigens hat auch Albert Einstein keine klare Unterscheidung von Ethik und Moral vorgenommen, was in
seinem Fall vermutlich auch damit zusammenhängt,
dass er neben seiner physikalischen Forschung kaum
Zeit fand, intensiver über die philosophische Termi-
nologie nachzudenken. Immerhin: Inspiriert waren
Einsteins Überlegungen von Spinozas *Ethik*, die eben
keine *Moralphilosophie* im obigen Sinne darstellt, sondern wohl auch deshalb über Jahrhunderte hinweg

so hart angegriffen wurde, weil sie durch ihren konsequenten Determinismus *dem Moralismus keinerlei Entfaltungsmöglichkeit mehr bot.*

18 Im Zentrum der Ethik steht somit das *physische Wohl und Wehe* empfindungsfähiger Lebewesen – im Zentrum der Moral hingegen das *metaphysische Gut und Böse* schuldfähiger Individuen. Da amoralische Ethiker die Konzepte von Gut und Böse, Schuld und Sühne nicht benötigen, können sie problemlos auf die moralische Unterstellung verzichten, dass sich Menschen kraft ihrer »frei schwebenden Vernunft« von Naturkausalitäten lösen und sich in ein und demselben Moment sowohl für Handlung A als auch für Handlung B entscheiden könnten (PAM).

19 In den letzten Jahrzehnten kam es in Westeuropa erfreulicherweise zu einer weitgehenden »Entmoralisierung des Rechts«, in deren Folge die alten Sittlichkeitsparagrafen (u. a. Kuppelei, Ehebruch, »Unzucht unter Männern«) gestrichen wurden. Damit setzte sich die ethische Perspektive durch, dass es bei der Regelung von Interessenkonflikten darauf ankommt, ob die Rechte Dritter verletzt werden – und nicht, ob bestimmte Verhaltensweisen irgendjemandem als moralisch anrüchig, ja als Ausdruck von »Unzucht« erscheinen, vgl. Michael Schmidt-Salomon, *Die Grenzen der Toleranz,* S. 79 f.

20 Zu den Glaubenszweifeln der Fundamentalisten siehe u. a. Hamed Abdel-Samad: *Der Untergang der islamischen Welt. Eine Prognose.* München 2010; zum Überdecken eigener Unzulänglichkeiten durch strenge Erziehung siehe Alice Miller: *Am Anfang war Erziehung.* Frankfurt am Main 1983.

21 Dass es sich bei dieser Form der Abspaltung und Über-
tragung keineswegs um einen Mythos der Psychoanalyse handelt, belegt eine Untersuchung, die Henry
Adams bereits 1996 an der *University of Georgia* durch-
führte und bei der sich herausstellte, dass mehr als die
Hälfte (54 %) der homophoben Probanden durch das
Betrachten eines Schwulenpornos sexuell eindeutig er-
regt waren, während dies nur bei weniger als einem
Viertel (24 %) der nicht homophoben Probanden zutraf.
In Kreisen der katholischen Priesterschaft ist dieser Zu-
sammenhang von Homosexualität und Homophobie be-
sonders ausgeprägt, wie der pikante Insiderbericht von
David Berger zeigt, siehe David Berger: *Der heilige
Schein. Als schwuler Theologe in der katholischen Kirche.*
Berlin 2010.

22 Friedrich Nietzsche: *Zur Genealogie der Moral* (GM III 19).
In: Friedrich Nietzsche: *Werke in drei Bänden.* Herausgegeben von Karl Schlechta. München 1954, Bd. 2, S. 877.
Nietzsche schrieb die Streitschrift *Zur Genealogie der
Moral* im Jahr 1887, mitunter hat man aber den Eindruck, er habe bereits die Debatten in den sozialen
Medien unserer Tage verfolgen können – etwa, wenn er
feststellt: »(…) alles, was sich heute als ›guter Mensch‹
fühlt, ist vollkommen unfähig, zu irgendeiner Sache anders zu stehn als unehrlich-verlogen, abgründlich-ver-
logen, aber unschuldig-verlogen, treuherzig-verlogen,
blauäugig-verlogen, tugendhaft-verlogen. Diese ›guten
Menschen‹ – sie sind allesamt jetzt in Grund und Boden
vermoralisiert und in Hinsicht auf Ehrlichkeit zuschan-
den gemacht und verhunzt für alle Ewigkeit: wer von
ihnen hielte noch eine Wahrheit ›über den Menschen‹
aus!« (Nietzsche, Zur Genealogie der Moral (GM III 19),

S. 878). Der entscheidende Punkt in diesem Zitat ist nicht, dass Nietzsche schon vor 140 Jahren die aktuelle (keineswegs unproblematische) Rede von den »Gutmenschen« vorweggenommen hat, sondern dass er die verzerrte Denkstruktur aufzeigte, die nicht nur das Urteil der »Gutmenschen«, sondern auch das Urteil ihrer rechtspopulistischen Kritiker trübt.

23 Vgl. Michael Schmidt-Salomon, *Die Grenzen der Toleranz*, S. 7 ff.

24 Vgl. hierzu u. a. Michael Schmidt-Salomon/Lea Salomon, *Leibniz war kein Butterkeks*, S. 182 ff.

25 Vgl. hierzu u. a. Peter Singer: *Praktische Ethik*. Neuausgabe. Stuttgart 1994, S. 39 ff.; siehe auch Michael Schmidt-Salomon: *Hoffnung Mensch*, S. 255 ff. Die Orientierung an diesem universellen ethischen Prinzip entspricht der höchsten Stufe in Lawrence Kohlbergs Stufenmodell der Moralentwicklung. In Anlehnung an dieses Modell lassen sich moralische Argumentationsweisen grob dem *konventionellen Denkniveau*, ethische Argumentationsweisen dem *postkonventionellen Denkniveau* zuordnen, vgl. Michael Schmidt-Salomon/Lea Salomon, *Leibniz war kein Butterkeks*, S. 213 ff.

26 Während der moralische Dualismus die Gruppenebene stärkt und es als Zeichen »sittlichen Anstands« begreift, ein »guter Deutscher«, ein »guter Türke«, ein »guter Christ«, ein »guter Muslim« zu sein, schwächt der ethische Monismus die Bedeutung der Gruppenebene ab. Stattdessen tritt die Ebene der *einen* Menschheit in den Vordergrund, die vor der großen Herausforderung steht, bessere, freiere und gerechtere Verhältnisse für alle zu schaffen, sowie die Ebene des Individuums, das frei und selbstbestimmt über sein eigenes Leben verfügen kann.

27 Vgl. hierzu das bereits 1981 erstmals erschienene Buch von Peter Singer: *The Expanding Circle. Ethics, Evolution and Moral Progress* sowie die ausführliche Darstellung dieses Prozesses in Schmidt-Salomon, *Hoffnung Mensch*, S. 233 ff.

28 Vgl. u. a. Giordano-Bruno-Stiftung (Hg.): *Grundrechte für Menschenaffen. Ethik-Preis 2011.* Aschaffenburg 2012; sowie Colin Goldner: *Lebenslänglich hinter Gittern. Die Wahrheit über Gorilla, Orang-Utan & Co in deutschen Zoos.* Aschaffenburg 2014.

29 Vgl. Albert Schweitzer: *Die Lehre der Ehrfurcht vor dem Leben.* Berlin 1974, S. 30.

Lektion 6: Rationale Mystik

1 Vgl. Max Weber: »Wissenschaft als Beruf.« In: Max Weber: *Gesammelte Aufsätze zur Wissenschaftslehre.* Hrsg. von Johannes Winckelmann. Tübingen 1985, S. 593.

2 Albert Einstein, *Mein Weltbild*, S. 19.

3 Alice Calaprice, *Einstein sagt*, S. 185.

4 Albert Einstein, *Mein Weltbild*, S. 12.

5 Albert Einstein, *Mein Weltbild*, S. 18.

6 Alice Calaprice, *Einstein sagt*, S. 185.

7 Friedrich Schleiermacher: *Über die Religion. Reden an die Gebildeten unter ihren Verächtern.* Hamburg 1958, S. 30.

8 Albert Einstein, *Mein Weltbild*, S. 19.

9 In der nachfolgenden Darstellung dieses Ereignisses greife ich fast wortwörtlich auf Formulierungen aus *Jenseits von Gut und Böse* (S. 239 ff.) zurück. Grund dafür ist, dass sich ein solches Erlebnis schwer in Worte fassen

lässt und ich froh darüber bin, dass ich es 2009 zumindest ansatzweise in Worte fassen konnte. Zu etwaigen Déjà-vu-Erlebnissen bei der Lektüre dieses Buches siehe auch Anmerkung 4 der Einleitung.

10 Epikur: *Philosophie der Freude.* Briefe, Hauptlehrsätze, Spruchsammlung, Fragmente. München 1988, S. 55.

11 Albert Einstein, *Mein Weltbild*, S. 12.

12 Vgl. Uwe-Christian Arnold/Michael Schmidt-Salomon: *Letzte Hilfe. Ein Plädoyer für das selbstbestimmte Sterben.* Reinbek 2014.

13 Albert Einstein, *Mein Weltbild*, S. 13.

14 Thomas Metzinger, *Der Ego-Tunnel*, S. 405.

Lektion 7: Der Sinn des Lebens

1 Vgl. hierzu Franz Josef Wetz: *Die Kunst der Resignation.* Stuttgart 2000.

2 Friedrich Nietzsche: *Über Wahrheit und Lüge im außermoralischen Sinn.* In: Friedrich Nietzsche, *Werke*, Bd. 3, S. 309.

3 Dies ist das Aufgabengebiet der sogenannten »Positiven Psychologie«, vgl. u. a. Ann Elisabeth Auhagen (Hg.): *Positive Psychologie. Anleitung zum »besseren« Leben.* Weinheim 2008.

4 Vgl. Heiko Ernst: »Gibt es einen Maßstab für das Glück?« In: »Glücksmomente. Was das Leben gelingen lässt.« *Psychologie Heute compact*, 17/2007, S. 8.

5 Karl Marx: »Betrachtungen eines Jünglings bei der Wahl eines Berufes« (Abituraufsatz). In: *Marx-Engels-Werke* (MEW), Berlin 1974 ff., Bd. 40, S. 594.

6 Dass wir auch in ökologischer Hinsicht einen *positiven*

Fußabdruck hinterlassen können, haben Michael Braungart und William McDonough mit ihrem *Cradle to Cradle*-Ansatz gezeigt, siehe u. a. Michael Braungart/William McDonough: *Intelligente Verschwendung. The Upcycle: Auf dem Weg in eine neue Überflussgesellschaft.* München 2013.

7 Alice Calaprice, *Einstein sagt*, S. 268.

8 Vgl. hierzu u. a. das umfangreiche Datenmaterial in Michael Schmidt-Salomon, *Hoffnung Mensch*, S. 265 ff. Eine kompakte, aufschlussreiche Darstellung der globalen Entwicklungen findet man auf der empfehlenswerten Website *ourworldindata.org*.

9 Karl Marx: *Zur Kritik der Hegelschen Rechtsphilosophie. Einleitung.* MEW, Bd. 1, S. 385.

Lektion 8: Brennende Geduld

1 Die vollständige Nobelpreisrede von Neruda findet sich (in englischer Sprache) auf der offiziellen Website des Nobelpreiskomitees *www.nobelprize.org*. Die hier zitierte Passage war titelgebend für den Bestsellerroman von Antonio Skármeta: *Mit brennender Geduld*. München 2000. Neruda hat den Begriff der »brennenden Geduld« übrigens nicht selbst geprägt, sondern aus einem Vers des französischen Dichters Arthur Rimbaud übernommen.

2 Robert Jungk: *Trotzdem. Mein Leben für die Zukunft.* München 1993, S. 537.

3 Zur Kritik dieser esoterischen Lebenshaltung siehe u. a. Johannes Fischler: *New cAge. Esoterik 2.0: Wie sie die Köpfe leert und die Kassen füllt.* Aschaffenburg 2017.

4 Vgl. Michael Schmidt-Salomon, *Hoffnung Mensch*, S. 16 f.

5 Bevor mir jemand einen »naiven Realismus« unterstellt: Mir ist sehr wohl bewusst, dass wir die Welt nicht wahrnehmen können, wie sie losgelöst von unserer Wahrnehmung existiert, weshalb ich von einer »pragmatischen, hypothetisch korrespondierenden Kohärenztheorie der Wahrheit« ausgehe, vgl. Michael Schmidt-Salomon: »Was ist Wahrheit? Das Wahrheitskonzept der Aufklärung im weltanschaulichen Widerstreit.« In: *Aufklärung und Kritik* 2/2003 (abermals abgedruckt in: Michael Schmidt-Salomon: *Anleitung zum Seligsein*. Aschaffenburg 2011, S. 138–152).

6 Robert Jungk, *Trotzdem*, S. 537.

7 In *Hoffnung Mensch* habe ich diesen erstaunlichen Entwicklungsprozess in seinen verschiedenen Dimensionen dargestellt. Interessanterweise fand dieses Buch, das aufzeigte, welche bemerkenswerten Leistungen Menschen im Verlauf der Geschichte erbracht haben, sehr viel weniger Leser als das Vorgängerbuch *Keine Macht den Doofen*, das sich dem »kollektiven Irrsinn« widmete. Im Zeitalter des »Empörialismus« verkaufen sich negative Nachrichten offenkundig sehr viel besser als positive.

8 Das heißt natürlich nicht, dass wir einen »Fortschrittsautomatismus« annehmen sollten, vgl. Franz M. Wuketits: *Evolution ohne Fortschritt. Aufstieg oder Niedergang in Natur und Gesellschaft*. Aschaffenburg 2009. Im Hinblick auf die Zukunft der Menschheit sollten wir daher von der gleichen Maxime ausgehen wie in unserem privaten Leben: *Wir sollten mit dem Schlimmsten rechnen, aber auf das Beste hoffen.*